Wolfgang Hug

Wissen, wo Barthel den Most holt

Kleine Kulturgeschichte
Geflügelter Worte

Wolfgang Hug

Wissen, wo Barthel den Most holt

Kleine Kulturgeschichte Geflügelter Worte

b|d edition

Bibliografische Information der Deutschen Bibliothek

Die Deutsche Bibliothek verzeichnet diese Publikation in der Deutschen Nationalbibliografie; detaillierte bibliografische Daten sind im Internet über http://dnb.ddb.de abrufbar.

Titelgestaltung: Ohl Design
Titelbild: Eva Raabe-Lindenblatt
Gesamtherstellung: Wochenschau Verlag
Gedruckt auf chlorfreiem Papier
ISBN 978-3-94126405-2

Inhalt

1. Von Sprichwörtern und Spruchweisheiten: Woher sie kommen, was sie uns bedeuten

1.1 An Stelle einer Definition

Sprichwörter und Spruchweisheiten, das können geläufige Wendungen der Alltagssprache sein oder sprichwörtlich gewordene Zitate, Redensarten und auch Aphorismen: Wir benützen sie gleichsam als Kürzel in unserer Sprache. Sie sind Orientierungshilfen, Wegweiser durchs Leben. Wie Punktstrahler werfen sie ihr Licht auf Alltagssituationen, lassen Wahrheiten aufscheinen, machen einen Sachverhalt deutlich, oft überdeutlich. Wir empfinden sie als treffend und einleuchtend, in der Regel jedenfalls, was beliebige Beispiele bezeugen wie diese: *Man soll das Kind nicht mit dem Bade ausschütten. – Eine Hand wäscht die andere. – Schmück dich nicht mit fremden Federn!* Indem die Wendungen „im Volk" Verbreitung finden oder gefunden haben, zählen wir sie zu den „Geflügelten Worten". Dieser Terminus wird auch als ein Sammelbegriff verwendet.

Viele Spruchweisheiten inspirieren, lassen Gedanken um Alltagserfahrungen kreisen und können so zu Grundeinsichten führen. *Überfluss bringt Überdruss. – Allzu viel ist ungesund. – Wer andern eine Grube gräbt* … Meist steckt in solchen Wendungen eine lehrhafte Tendenz. Sie lehren Lebenskunst. Dabei behaupten sie keine Wahrheit, sie zeigen sie. Das heißt, sie vergegenwärtigen das Allgemeine am einzelnen konkreten Fall. Sie erklären die Lebenswirklichkeit, aber sie verkünden sie nicht und explizieren sie auch nicht. Sie verweisen vielmehr auf sie. Darin steckt ihre Lebensweisheit.

Sprichwörter und Spruchweisheiten kleiden sich gern in bildhafte Ausdrucksweisen: *Lügen haben kurze Beine. – Lass dir* keinen *Bären aufbinden! – Da kräht kein Hahn mehr danach.* Sie können aber auch irritieren, denn mal passen sie, mal liegen sie schief: *Einmal ist keinmal,* aber auch: *Wer einmal lügt, dem glaubt man nicht ... Gleich und gleich gesellt sich gern,* aber auch: *Gegensätze ziehen sich an. – Jeder ist seines Glückes Schmied.* – Aber gilt das für jeden und jede? Man muss sprichwörtliche Lebensregeln sinngemäß anwenden und der Situation entsprechend. Nur so treffen sie zu. Nur so können sie wirken. Da ist es gut, ihre Herkunft zu kennen und von da aus ihrem Sinn nachzugehen, zu erfahren, wie sie weitergegeben und nicht selten auch umgedeutet wurden.

Sprichwörter und Spruchweisheiten gehören zum volkstümlichen Sprachschatz. Man kann ihnen überall und jederzeit begegnen. Das gehört zu ihren Wesensmerkmalen. Man möchte sie gern aus dem „Volksmund" herleiten. Aber wir kennen in der Regel ihre Herkunft nur dadurch, dass sie literarisch fassbar wurden, bei einem Autor oder einer Autorin, in einem Text, in einer Sammlung. Darum handelt es sich bei den meisten der Geflügelten Worte auch um Zitate.

1.2 Anspruch und Aufbau des Buches

Der vorliegende Band ist kein Lexikon der Sprichwörter und sprichwörtlich gewordenen Zitate oder Aphorismen, kein Nachschlagewerk für Geflügelte Worte. Von denen gibt es schon viele auf dem Büchermarkt. Manche von ihnen bieten tausende, manche zehntausende, einige noch mehr von solchen Geflügelten Worten. Sie sind in der Regel alphabetisch geordnet und systematisiert. Das Alphabet hilft, wenn man ein bestimmtes Sprichwort sucht. Aber es lässt keine Zusammenhänge erkennen und zeigt nicht das geistige Umfeld, in dem die jeweilige Spruchweisheit entstanden ist. Den Sammel- und Nachschlagewerken soll dieser Band keine Konkurrenz machen. Hier handelt es sich vielmehr um eine literarische Reise durch die Herkunfts- und Sinngeschichte von Geflügelten Worten. Die Darstellung soll zeigen, wie breit, wie lang und wie tief der Strom von prägnanten Formeln ist, mit denen sich „das Volk" sein Welt- und Menschenbild zurechtgelegt hat. Diese sprichwörtlichen Formeln werden anders als in den bekannten Zitatensammlungen nicht einfach aufgezählt, vielmehr wird über sie nachgedacht. Sie werden in den geistig-kulturellen Zusammenhang ihrer Herkunft gestellt. Ihr Sinn wird reflektiert und wenn nötig relativiert. Man kann erkennen, welche Lebensformen und Lebensansichten in Geflügelten Worten überliefert sind.

Was eine Kulturgeschichte Geflügelter Worte zum Vorschein bringen kann, mag das folgende Beispiel andeuten: *Der Mensch denkt, Gott aber lenkt* (Spr 16, 9). So lautet ein „maschal", wie im Hebräischen eine treffende, einprägsame Formulierung bzw. eine Spruchweisheit genannt wird. Der Spruch stammt aus den Teilen im „Buch der Sprichwörter", die zum Kernbestand der jüdischen Weisheitsliteratur zählen und die in das „Goldene Zeitalter" des Königs Salomon zurückreichen, somit fast 3000 Jahre alt sein können. Die biblischen Texte hat der Kirchenlehrer Hieronymus in der Zeit um 390 n. Chr. ins Latein übertragen. In dieser sogenannten Vulgata lautet die Stelle „Cor hominis disponit viam suam, sed Domini est dirigere gressus eius." Daraus schuf Luther die deutsche Fassung mit dem Satz „Des Menschen Herz plant seinen Weg, doch der Herr lenkt seinen Schritt." (Ähnlich heißt es übrigens in der „Ilias" des Homer: „ Der Mensch entwirft, und Zeus vollendet es anders.") Im Volksmund wurde daraus die knappe, griffige Formel *Der Mensch denkt, und Gott lenkt* bzw. *Der Mensch denkt, Gott aber lenkt*. Mit dieser stehenden Wendung konnte man den Glauben an die göttliche Vorsehung beschwören und die Gläubigen mit ihrem Schicksal versöhnen. Eine zugespitzte Bedeutung bekam der Satz in der calvinistischen Lehre von der Vorherbestimmung, der Prädestination. In jüngerer Zeit konnte man mit dem Spruch auch einfach einen Pechvogel trösten, dem etwas schiefgegangen war. Durchaus ernsthaft hat sich Bert Brecht gegen den blinden Glauben an die scheinbar einfache Wahrheit gewehrt, dass der Mensch denke, Gott aber lenke. Er ließ in dem 1938/39 im schwedischen Exil verfassten Theaterstück „Mutter Courage“ voller Ironie im Song von der Großen Kapitulation die Titelheldin den Kehrvers singen „Der Mensch denkt: Gott lenkt. – Keine Red davon!“ Man sieht an dem Beispiel, wie viele Obertöne gleichsam im Akkord einer Spruchweisheit mitschwingen, wenn man sie im geschichtlichen Ganzen hört und über ihre Bedeutungszusammenhänge nachdenkt.

Unter den mehr als eintausend hier zitierten Beispielen wird man durchaus Bekanntes finden und sich selbst zuweilen darin gespiegelt sehen. Es gibt aber auch viel Neues, Unbekanntes und Fremdes in dieser Kulturgeschichte Geflügelter Worte. Denn hier wurde der Horizont systematisch erweitert. Nach Sprichwörtern aus dem Alten Orient, aus der antiken Literatur und aus der Bibel werden Redewendungen aus der vormodernen Lebenswelt in ihrem Kontext erklärt. Es folgen Spruchweisheiten von Dichtern und Denkern, historisch relevante Aussprüche und Parolen sowie Texte von Humoristen und Parodisten. Schließlich gibt es Zitate aus der Literatur diverser europäischer Länder und schließlich Redensarten aus außereuropäischen Kulturen. Diese Abfolge der Kapitel entspricht nicht nur einer historischen Entwicklung, sondern bietet eine Art Typologie der Geflügelten Worte. Sie wird noch ergänzt durch ein sprachwissenschaftliches Resümee. Aufbau und Gliederung des Buches bringen so Ordnung in die Fülle. Es wird zusammengefügt, was zusammenpasst. Zugleich lässt sich so die Eigenart bestimmter Gruppen oder Typen von Sprichwörtern und Spruchweisheiten deutlicher erkennen.

1.3 Bestandsaufnahmen und Kompendien

Der Ausdruck „Geflügelte Worte“ ist uralt. In Homers Ilias und in der Odyssee findet man ihn dutzendweise. Gemeint ist dort, dass Worte wie auf Flügeln von einem zum andern eilen. Die Sprache des Altgriechischen, so lernte man im Humanistischen Gymnasium, hat einen federleichten Schwung, perlend, gleich einem Vogelgezwitscher, „geflügelt“ eben. Die

„sprichwörtliche" Bedeutung des Ausdrucks erhielten die Geflügelten Worte aber erst durch einen Zufall. Der Berliner Gewerbeoberlehrer Georg Büchmann hielt 1864 einen Vortrag über „Landläufige Citate". Büchmann war höchst gebildet, auslandserfahren, ein Sprachengenie. Er beherrschte nicht nur die klassischen Alten Sprachen Griechisch, Latein und Hebräisch, sondern ebenso Englisch, Französisch, Italienisch, Spanisch, Polnisch und zwei skandinavische Sprachen. So konnte er in seinem gelehrten Vortrag Sprichwörter und Redewendungen aus all diesen Sprachen präsentieren und ihre Herkunft benennen. Einer der Zuhörer war Verleger. Er drängte Büchmann, sein Vortragsmanuskript zu einem kleinen Buch zu erweitern, für das man den Titel „Geflügelte Worte" wählte. So erschien zum 250. Geburtstag des ältesten, 1614 gegründeten Berliner Verlags Haude & Spener die erste Ausgabe des Buches mit dem Untertitel „Der Citatenschatz des Deutschen Volkes". Es enthielt Hunderte von Zitaten, angefangen aus der Bibel sowie aus dem Griechischen, Lateinischen, dann aus dem Deutschen, aus europäischen Sprachen und schließlich aus der Geschichte. Der Titel „Geflügelte Worte" wurde rasch populär. Aus dem Buch wurde ein Best- und Longseller, ein Markenbegriff. „Der Büchmann" war ein Standardwerk geworden, das in keinem bürgerlichen Bücherschrank fehlen durfte und in zahllosen Auflagen ergänzt und erweitert wurde; seit langem ist „der Büchmann" auch als Taschenbuch verfügbar.

In der Fachsprache der Sprichwortforschung, der sogenannten „Paroemiologie", wird zwischen Sprichwörtern, Zitaten, Aphorismen und anderen Formen geläufiger Redewendungen unterschieden. Doch bleiben die Grenzen fließend, und im täglichen Gebrauch spielen die Unterschiede praktisch keine Rolle. So findet man in einschlägigen Lexika, Sammel- und Nachschlagewerken unter verschiedenen Titeln doch meist von allem etwas, dem Goethe-Zitat entsprechend: *Wer vieles bringt, wird manchem etwas bringen.* Eine kleine Einführung in Begriff und Bedeutung der Thematik bietet das Bändchen von Lutz Röhrich und Wolfgang Mieder „Sprichwort" (1977).

Von den vielen Kompendien sei nur auf wenige verwiesen: „Deutsche Sprichwörter" ist der Titel der Sammlung, die der Germanist Karl Simrock 1846 mit über 12000 alphabetisch angeordneten Sprichwörtern herausgab. Es folgte „der Büchmann" 1864. Das bislang umfangreichste Nachschlagewerk (mit zuletzt einer viertel Million von zitierten Belegen) schuf Karl Friedrich Wilhelm Wander 1867 bis 1880 mit seinem „Deutschen Sprichwörter-Lexikon" in fünf Bänden. Bekannt und weit verbreitet ist der „Zitatenschatz der Weltliteratur", den Richard Zoozmann 1910 erstmals herausgab. Alle diese systematischen Sprichwortsammlungen sind in einer Epoche entstanden, als der Bürgergeist die deutsche Kultur prägte. Mindestens eines dieser Kompendien war im Bücherschrank eines jeden bürgerlichen Haushalts zu finden.

Von diesen hier beispielhaft genannten Werken gibt es Nachdrucke oder Neuauflagen auch aus unserer Zeit. Von den in den letzten Jahrzehnten erschienenen kleinen und großen Sammlungen sind hervorzuheben: Lutz Mackensen, „Zitate, Redensarten, Sprichwörter" (1973); Kurt Krüger-Lorenzen, „Das Buch der Zitate" (1960/2006); Johannes John, „Reclams Zitaten-Lexikon" (1992/2005); Gerhard Fieguth, „Deutsche Aphorismen" (1978/2002); das „Zitatenhandbuch" von Eberhard Puntsch (1965/2003) mit 10500 Sentenzen, Aphorismen, Maximen und Sprichwörtern. Ferner die einschlägigen Duden-Wörterbücher, vor allem Duden, Redewendungen (2007); das Brockhaus-Wahrig Wörterbuch in 6 Bänden (1980 ff.); das Zeit-Lexikon, Band 20 „Zitate und Redewendungen" (2005). Bei Harenberg gibt es ein „Lexikon der Sprichwörter und Zitate" mit rund 50000 Belegen. Die derzeit beste wissenschaftliche Edition schuf der Freiburger Ordinarius Lutz Röhrich (gest. 2006) mit dem „Lexikon der sprichwörtlichen Redensarten" (7. Auflage 2006). Die Sprichwörter und Spruchweisheiten, deren Herkunft und Sinn zu erörtern sein wird, sind mal der einen, mal der andern Sammlung entnommen, häufig sind sie in mehreren der genannten Lexika enthalten. Zu einzelnen

Themen wurden außerdem spezielle Publikationen herangezogen, die im Literaturverzeichnis aufgeführt sind.

1.4 Dem wahren Sinn auf der Spur

Zunächst geht es bei der Spurensuche um die richtige Sinndeutung, wie folgende *Probe aufs Exempel* zeigt: *Die Welt, die will betrogen sein.* Martin Luther hat den Satz schon als „wahres Sprichwort" (als verum proverbium) bezeichnet und hat es selbst ein paarmal benutzt. Zu lesen war das Sprichwort zuerst in einem Werk, das früh zum europäischen Bestseller wurde, im „Narrenschiff" des Humanisten Sebastian Brant (1457-1521). Brant war ein Multitalent, Jurist, Poet und Publizist. Er wirkte als Professor in Basel. Dort verfasste er in deutschen Versen das „Narrenschiff" und ließ das Buch mit zahlreichen Holzschnitten (davon etwa ein Drittel vom jungen Albrecht Dürer) ausstatten. Als dann Brants Schüler, der Freiburger Poetikprofessor Jakob Locher, 1497 das „Narrenschiff" ins Latein übertrug, wurde das Werk zum größten Welterfolg des deutschen Humanismus. Bis zu Goethes Werther war es das am häufigsten gedruckte Buch der Profanliteratur in Deutschland. Im Kapitel 65 des Buches kritisierte Brant die Narrheit der Verleger oder Drucker seiner Zeit: „Die drucken alles, was man bringt, / und was man schändlich sagt und singt. / Da schaut nun niemand strafend drein, / die Welt, die will betrogen sein." In der lateinischen Weltsprache der Humanisten findet man den Satz in zahllosen Zitaten *Mundus vult decipi*, oft mit dem Zusatz, *ergo decipiatur*, also soll sie betrogen werden. In dieser Fassung hat Sebastian Franck die Redewendung in seiner Sammlung paradoxer Sentenzen 1533, sprichwörtlich gemacht. Brant hat sein „Narrenschiff" als zeitkritische Satire verstanden, um die Verdorbenheit der Verhältnisse anzuprangern. So etwas war damals bei den Humanisten zur beliebten Form der Zeit- und Kulturkritik geworden. Das beweisen die anhaltenden Erfolge des „Narrenschiffs" ebenso wie die des berühmten Werkes von Erasmus „Lob der Torheit". Brant wollte jedenfalls mit seinem

Sprichwort die Menschen keineswegs zum Betrug ermuntern. Als Sohn eines Straßburger Gastwirts glaubte er zu wissen, wie es in der Welt – leider – zugeht. Und davor sollte das „Narrenschiff" seine Leserschaft warnen. „Das Buch prangert die schlechten Sitten an, kritisiert die schädlichen Laster und weist darauf hin, diese zu meiden." So urteilte ein Autor 1612 über das „Narrenschiff".

Das Beispiel zeigt nicht nur die eingangs genannten Merkmale von Sprichwörtern und Redensarten, ihre prägnante Form, ihre lehrhafte Tendenz, die plausible Aussage, der man gerne zustimmen möchte. Zugleich aber veranlasst das Sprichwort, seinen Sinn zu überdenken, die Ambivalenz seiner Bedeutung wahrzunehmen. Das gilt auch für ein weiteres Beispiel aus Sebastian Brants „Narrenschiff", den geläufigen Satz *Geld regiert die Welt.* Die Formel lautet bei Brant noch „All Ding dem Geld sind untertan" und war später, wie ein Wörterbuch aus dem Jahre 1616 bezeugt, in der bis heute gebräuchlichen Form üblich. Wer wollte der Sentenz nicht zustimmen? Kritisch betrachtet, legt einem das Sprichwort freilich eine vereinfachte und verallgemeinernde Weltanschauung in den Mund. So ist es mit vielen Geflügelten Worten. Sie passen nicht immer, sie sind nicht unbedingt überall gültig. Sie beziehen sich oft auf bestimmte Situationen. Solche Einwände entwerten ihren Sinn keineswegs. Benutzt man sie kritisch, erleichtern sie die Orientierung in der Welt und werden zu wahren Spruchweisheiten. Man kann sie wie Raster zur Diagnose verwenden. So helfen sie, Situationen zu durchschauen, menschliches Verhalten zu erklären, sich selbst zu begreifen.

Herkunftsgeschichten dienen natürlich auch dazu, den Bedeutungswandel im Gebrauch von Sprichwörtern und Spruchweisheiten aufzuzeigen. Nehmen wir als Beispiel das Sprichwort *Morgenstund hat Gold im Mund.* Wann ist es aufgekommen? Nach gründlichen Recherchen hat Wolfgang Mieder, ein prominenter Fachmann der Sprichwortforschung, nachgewiesen, dass der Spruch erstmals 1585 belegt ist und seit 1612 in Sprichwörtersammlungen verzeichnet wurde. Vermutlich liegt ihm die humanistische Formel zugrunde: *Aurora musis amica*, die Morgenröte ist der Musen Freundin. Welche Musen gemeint waren, sei dahingestellt. Es liegt nahe, dass man in Aurora das lateinische Wort für Gold („aurum") gehört hat und von da aus auf das „Gold im Mund" kam. Heinrich Voss hat der „Morgenheitren" die schönen Verse gewidmet: „Du kühle Morgenstunde, / Wie lächelst du so hold! / Du trägst im Rosenmunde / der Weisheit lautres Gold ...". Offenbar hatte im Zuge der Renaissance mit der betont rationalen Deutung der Welt und sodann mit der protestantischen Arbeitsethik die „Morgenstund" ihre so große Bedeutung bekommen. Das Sprichwort rät dazu, den Tag zu nutzen, keine Zeit zu verschwenden. Und es verspricht solchem Verhalten Erfolg. Übrigens drücken die Engländer diesen „guten Rat" in einem anderen sehr bildhaften Sprichwort aus: *The early bird catches the worm* (= Der frühe Vogel fängt den Wurm). Mit dem von der Aufklärung verbreiteten Prinzip der Arbeitserziehung bekam das Sprichwort eine verstärkte Bedeutung. Dann diente es Unternehmern im Industriellen Zeitalter dazu, die Arbeiterschaft moralisch zum frühen Arbeitsbeginn zu motivieren. In der jüngeren Moderne stieß dann diese Aufforderung auf durchaus kritische Einwände. Sie wurde parodistisch umformuliert mit der umgangssprachlichen Ergänzung *Morgenstund hat Gold im Mund – und Blei im Hintern.* Oder wie Hermann Kant 1968 den Spruch abgewandelt hat: *Morgenstund ist ungesund.* In einer anderen Version kann man lesen: *Morgenstund hat Gold im Mund. Wer länger schläft, bleibt auch gesund.*

Die Kulturgeschichte von Spruchweisheiten ist nicht zuletzt dazu notwendig, um deren Geltungskraft besser einschätzen zu können. So beim folgenden Beispiel: *Ein Bild sagt mehr als tausend Worte.* Der Satz wird im Harenberg-Lexikon als chinesisches Sprichwort zitiert. Ein Eintrag bei Wikipedia führt es sogar auf Konfuzius (6./5. Jh. v. Chr.) zurück. Wiederum war es Wolfgang Mieder, der nachweisen konnte, dass der Slogan erstmals 1921 in einer Reklame für Werbeaufdrucke in den USA verwendet wurde. Sechs Jahre später ist der Spruch in einer Werbung zu einem chinesischen Sprichwort deklariert worden. Diese frei erfundene Herkunftsangabe sollte der Bild-Reklame mehr Gewicht verleihen. In Deutschland hielt das Sprichwort schließlich erst mit der Fernsehwerbung 1975 Einzug und wurde dann von der Werbebranche „annektiert". Bereits 1952 hatte eine deutsche Straßenzeitung sich den Titel „Bild" zugelegt und damit Millionen Leser (der Bilder wegen?) gewonnen. Man denke also bei dem Sprichwort an seine Herkunft aus der Werbung, wie sie in den USA der 1920er Jahre auszuufern begann mit Leuchtreklamen und riesigen Plakaten an den Highways, und man denke ferner an die deutsche Fernsehwerbung der Privatsender – oder an die Bild-Zeitung, so wird man etwas skeptischer prüfen, ob das Bild stets mehr als 1000 Worte sagen kann. Offenbar muss man den Satz nicht gleich zu den Spruchweisheiten zählen, viel eher zu den flotten Sprüchen, denen man nicht gleich (sprichwörtlich) *auf den Leim gehen sollte.*

Nicht immer, so muss man eingestehen, führt die Spurensuche nach der Herkunft von Geflügelten Worten zu eindeutigen Befunden. Daran erinnert das Motto *Wissen, wo Barthel den Most holt.* Barthel, das ist der Apostel Bartholomäus. Weil ihm, wie die Legende erzählt, bei seinem Martyrium die Haut abgeschabt wurde, trägt er auf bildlichen Darstellungen ein Messer in der Hand. Die katholische Kirche feiert seinen Gedenktag am 24. August, zu Beginn der Erntezeit also. Daher gilt „Barthel" als Patron der Bauern und Winzer, und so wurde das Schabmesser vom Symbol seines Martyriums zum Rebmesser der Rebleute. Ende August prüfen die Winzer, wo sie demnächst mit der Traubenernte beginnen können. Ihr Patron „Barthel" möge dabei helfen, denn er weiß, wo man den (ersten) Most holt. So lautet eine Deutung des Sprichworts. Ob sie auch zutrifft, ist indes ungewiss. Vielleicht kommt der Ausdruck auch aus der Gaunersprache und bedeutet so viel wie „Wissen, wo man mit dem Barsel (= Brecheisen) an das Moos (= das Geld) kommt". Der Sinn des Sprichwortes schien so oder so klar: Schlaumeier kennen alle Kniffe und wissen Bescheid, *wo Barthel den Most holt.* Doch die Wendung wird auch in der Form einer Drohung gebraucht, wenn man mancherorts sagt *Ich will dir zeigen, wo Barthel den Most holt,* was so viel bedeutet wie „Ich will dir beibringen, was du zu tun hast!"

Schließlich kann die Herkunftsgeschichte von Sprichwörtern und Spruchweisheiten deren ursprünglichen Sinn aufzeigen, der zuweilen wie bei dem Satz *Das geht auf keine Kuhhaut* gänzlich verloren ging. Was hat denn gar nicht Platz auf einer Kuhhaut? Was ist so unbeschreiblich und so aufgeblasen, dass es jedes Maß übertrifft? Es war ursprünglich, so erzählt eine moralisierende Geschichte aus dem Hochmittelalter, das Sündenregister vieler Menschen, das der Teufel aufzuschreiben pflegte, um es den Sterbenden auf dem Totenbett vor Augen zu halten. Selbst wenn er dazu ein Pergament von solcher Größe nahm, als wäre es aus einer Kuhhaut gefertigt, hatte bei manchen nicht alles Platz darauf. Das Sprichwort behielt seine Beliebtheit, obwohl man längst auf Papier statt auf Pergament schreibt und wohl niemand mehr bei dem Spruch an den Teufel und an das Sündenregister denkt.

Wer weiß, woher ein Sprichwort kommt, kann seinen Sinn besser verstehen und dadurch aufmerksamer werden für die einfachen Wahrheiten des Lebens. Es gibt ja ein tiefes und unstillbares Verlangen in uns Menschen, den Dingen auf den Grund zu gehen. *Das Streben nach Wissen,* so lehrte Aristoteles, *ist allen Menschen eingeboren.* Das macht uns erst wahrhaft zu Menschen, wissen zu wollen, woher wir kommen, wer wir sind und was wir sollen. Es lohnt sich, nach Antworten auf diese Fragen gerade auch in Sprichwörtern und Spruchweisheiten zu suchen. Die Antworten, die wir hier finden, verweisen nicht nur im Sinn einer rückwärts gewandten Beschreibung auf einstige Lebensverhältnisse und deren Deutung. Sie geben auch Anstoß und Anleitung zu Diagnosen der eigenen Lebenswelt.

2. Aus dem Alten Orient: Ursprünge der Sprichwortkultur

Die ältesten Sprichwörter und Spruchweisheiten unseres Kulturkreises sind aus den Stromtalkulturen am Nil und in Mesopotamien überliefert. Sie sind fast 4000 Jahre alt. Die Völker im Vorderen Orient haben nicht nur das Rad, die Stadt, den Staat und die Schrift „erfunden“. Hier haben Menschen auch erstmals die Sprache nicht nur dazu benützt, um sich zu verständigen, sondern um mit ihr wie die Töpfer mit Lehm schöne Formen zu bilden. Sprichwörter und Spruchweisheiten sind Zeugnisse geformter Sprache.

2.1 Sprichwörter als Schreibübungstexte

Im Zweistromland von Euphrat und Tigris, einer Wiege unserer Zivilisation, brauchte man zur Lebensordnung in Stadt und Staat Regeln, Recht und Satzungen. Sie wurden in knappen, prägnanten Formeln, d.h. in einer Art von Sprichwörtern, verankert. Vornehme Familien hielten auch Lebensregeln in Form von Sprichwörtern als „Instruktionen des Vaters für den Sohn“ schriftlich fest. Auf Tafeln und Rollen aus Ton fand man viele davon aufgezeichnet, und zwar in der sumerischen Keilschrift. Sie zu erlernen, verlangte gründliche Schulung. In den Schreiberschulen wurden gerne Sprichwörter als Übungstexte verwendet. Archäologen und Orientalisten haben aus den zahllosen Funden solche Sprichwörter entziffert und in moderne Sprachen übertragen. Wegen ihrer Kürze sind die sprichwörtlichen Aussagen allerdings schwer verständlich und mussten oft ergänzt werden. So hypothetisch manche Rekonstruktion sein mag, so plausibel wird doch der Sinn der Sätze. Die folgenden Kostproben aus der mesopotamischen Überlieferung stammen aus den ersten Jahrzehnten des 2. Jahrtausends v. Chr.. Sie sind hier zitiert aus den Editionen von Edmund I. Gordon (1959) und Bendt Alster

(1997). Die Orientalisten zählen diese Texte zur Weisheitsliteratur der altsumerischen Reiche.

Wer immer mit der Wahrheit wandelt, der erzeugt Leben.

Alles, was mir gehört, macht die übrigen Dinge zu fremdem Eigentum.

Gesundheit ist schwer zu beschaffen, aber Armut ist stets zur Hand.

Wer seinen persönlichen Gott gegen sich aufbringt, hat keinen Fürsprecher mehr vor der Götterversammlung.

Wer viel Reichtum besitzt, hat auch viele Ängste. (In einer anderen Übersetzung: *Wer viel besitzt, hat auch viel zu beschützen.*)

Eine Pflanze süß gleich einer Ehefrau wächst nicht in der Steppe.

Der Reiche hat für den Weizen des Armen zu sorgen. (Pflicht oder frommer Wunsch? So darf man fragen.)

Fälle kein Urteil, wenn du betrunken bist! (Wie klug!)

Heirate eine Frau deiner Wahl, so bekommst du auch ein Kind nach Herzenswunsch. (Ob das wohl immer geklappt hat?)

Wer zu viel isst, der schläft schlecht. (Trivial, aber wohl zu bedenken!)

Wenn einer kein Bett hat, dann bereite ihm eines. (Aus den „Ratschlägen der Weisheit“. So auch die folgenden)

Es gibt Dinge ohne Zahl unter dem Himmel.

Weit weg ist der Himmel, doch kostbar ist unsere Erde.

Doch es ist der Himmel, der deine Güter vermehrt.

Wenn ein Sänger auch nur ein einziges Lied kennt, aber sein Tremolo gut ist, so gilt er doch wirklich als Sänger.

Diese Spruchweisheiten zählen zwar nicht zu den Geflügelten Worten unserer Sprache. Sie haben aber eindeutig Sprichwortcharakter, sind knapp in der Formulierung, haben eine lehrhafte Tendenz, wirken plausibel; und wenn sie auch nicht alle in jedem Fall zutreffen, enthalten sie doch echte Lebensweisheiten. Man kann sich fragen, ob die hier vor fast 4000 Jahren festgehaltenen Erklärungen menschlichen Verhaltens auf anthropologischen Konstanten beruhen – oder ob sie einer ganz spezifischen Zivilisation zu verdanken sind. Vieles klingt jedenfalls nicht fremd: Dass mehr Reichtum auch Sorgen vermehrt, dass man sich hüten soll, in der Trunkenheit ein Urteil zu fällen, dass man leichter arm werden kann als gesund. Das ist das eine. Doch zum andern findet man in den frühen Hochkulturen auch Sprichwörter mit Aussagen, die für die jeweilige Gesellschaft ganz besonders typisch sind.

2.2 Auge um Auge, Zahn um Zahn

Die sprichwörtlichen Redewendungen aus dem Alten Orient bezeugen nicht zuletzt den Zusammenhang der frühen Hochkulturen untereinander im Austausch von Grundprinzipien ihrer Humanität. So kennen wir aus der „Heiligen Schrift" des frühen Judentums den bis heute oft gebrauchten und missbrauchten Rechtssatz *Auge um Auge, Zahn um Zahn*. Er stammt aus dem 2. Buch Mose (auch unter dem Namen „Exodus" zitiert: Ex 21, 23-24) und lautet im Kontext „Ist (bei einer Rauferei) weiterer Schaden entstanden, dann musst du geben: Leben für Leben, Auge für Auge, Zahn für Zahn, Hand für Hand, Fuß für Fuß." Moses soll vor mehr als 3000 Jahren seinem Volk dieses Gesetz gegeben haben. Es steht übrigens in dem Kapitel, das unmittelbar dem mit den Zehn Geboten folgt. Doch Moses und das Alte Israel haben hier eine Formel übernommen, die noch viel älter ist. Sie findet sich in einem der rund 280 Gesetze, die Hammurapi (oder Hammurabi) gegen Ende seiner Regierungszeit (vor 1750 v. Chr.) auf einer Stele aufzeichnen ließ, die 1902 in Susa aufgefunden wurde. Dort heißt es:

„Gesetzt, ein Kind hat seinen Vater geschlagen, so wird man ihm die Hände abschneiden. – Gesetzt, ein Mann hat das Auge eines Freigeborenen zerstört, so wird man sein Auge zerstören. – Gesetzt, ein Mann hat einem anderen einen Zahn ausgeschlagen, so wird man ihm einen Zahn ausschlagen.“ Diese Sätze geben nicht nur einen Einblick in die Härte der Rechtspraxis. Vielmehr zeigen sie auch eine Zivilisationsstufe auf dem Weg zu einer gerechteren Lebensordnung; denn das Prinzip „Auge um Auge, Zahn um Zahn“ trat an die Stelle der archaischen Praxis der Rache, die in der Regel nur dem Stärkeren nutzte. In der Gesetzesstele Hammurapis heißt es denn auch: „Um vom Starken den Schwachen nicht entrechten zu lassen, um auch der Witwe und den Waisen Recht zu verschaffen, habe ich in Babylon meine Worte auf meinen Denkstein geschrieben.“ Der Text schließt mit den Worten: „Hammurapi, der König, der vollkommene, bin ich. Die großen Götter haben mich berufen. So bin ich der Hirte, der wohl hütet …“ Diese Sätze verweisen zum einen auf sumerische Lebensverhältnisse. Sie decken zugleich aber auch die Herkunft von Bibelsätzen auf, die wie die Wendung *„Auge um Auge, Zahn um Zahn“* oder die Rede vom *„guten Hirten“* im Judentum sprichwörtlich geworden sind und bis in die Gegenwart weiterleben. In der jüdischen Thora verlangt allerdings das entsprechende Gesetz *Auge um Auge, Zahn um Zahn* nicht Vergeltung, sondern vielmehr Wiedergutmachung. Martin Buber hat das in folgender Übersetzung der Textstelle verdeutlicht „Geschieht aber das Ärgste, dann gib Lebensersatz für Leben, Augersatz für Auge, Zahnersatz für Zahn, Handersatz für Hand …“. Er wollte damit verdeutlichen, dass die biblische Formel anstelle von Rache die Wiedergutmachung fordert. Wenn freilich Menschen (und Regierungen) heute noch mit dem Prinzip „Auge um Auge“ brutale Gegenschläge auf eine provozierende Handlung zu legitimieren versuchen, so zeigen sie damit, wie tief archaische Verhaltensmuster im menschlichen Bewusstsein stecken geblieben sind und wie wenig man sich auf humanisierende Regeln für das Zusammenleben verlassen darf.

2.3 Guter Rat von Pharaonen

Aus dem Alten Ägypten, dem Pharaonenreich am Nil, gibt es eine reiche Überlieferung von sprichwörtlichen Redensarten in den Hieroglyphen. Von ihnen seien hier ein paar Beispiele – ohne genauere Datierung – vorgestellt. Sie lassen etwas erahnen von der Lebensklugheit und der ethischen Qualität dieser Gesellschaft, deren Erbe die Griechen des klassischen Altertums nicht nur bewundert, sondern sich zum Teil auch bewusst angeeignet haben. Die ägyptischen Pharaonen waren nicht nur Könige und Beherrscher des Landes. Von ihnen gingen letztlich alle Weisungen aus, die für die rechte Ordnung sorgten. Von einzelnen Pharaonen sind weise Ratschläge an Beamte überliefert, die wie die folgenden viel von der Kunst einer rechten, d.h. gerechten Regierung verraten:

> *Sei nicht eingebildet auf dein Wissen; unterhalte dich mit dem Unwissenden wie mit dem Wissenden.*
>
> *Unterbrich nicht einen, der dir sein Herz ausschüttet.*
>
> *Nimm keine Geschenke* (als Bestechung) *an!*
>
> *Sei geduldig, wenn du die Rede eines Bittstellers hörst. Weise ihn nicht einfach ab. Schon gutes Zuhören glättet das Herz.*
>
> *Hüte dich vor der Sünde des Betruges und überhaupt vor Worten, die nicht wahr sind.*
>
> *Nimm dich in Acht vor Untergebenen, die nichts geworden sind!*
>
> *Groß ist die Gerechtigkeit, dauernd und wirksam. Noch nie hat Unrecht überdauert.*
>
> *Rechne nicht damit, dass die Jahre lang sind; das Leben verrinnt wie eine Stunde.* (Ein Pharao an seinen Sohn; so auch die folgende Ermahnung):
>
> *Hüte dich davor, ungerecht zu strafen.*

2.4 Lebensweisheiten der Alten Ägypter

Kluge Lebenserfahrung und der Sinn fürs Angemessene spricht aus vielen altägyptischen Spruchweisheiten. Auch bezeugen viele von ihnen, dass dieses Volk eine hohe Sensibilität für menschliche Empfindungen und für zwischenmenschliche Beziehungen entwickelt hat. Es erscheint in diesem Zusammenhang bezeichnend, dass die Ägypter bereits einen eigenen Begriff von der Seele bzw. vom Selbst des Menschen besaßen. Sie nannten dies „das Herz" des Menschen und glaubten, dass der Richtergott Osiris das Herz jedes Menschen nach seinem Tod vor dem Eingang in die Jenseitswelt auf die Waage lege, um zu prüfen, ob er weiterzuleben verdiene oder auf ewig ausgelöscht werde.

Als Menschenfreund gelobt zu werden, ist nützlicher als Reichtum im Vorratshause.

Die Grenzen der Kunst werden niemals erreicht.

Trenne nicht Kopf und Zunge voneinander.

Wer seinen Speichel in den Himmel spuckt, dem fällt er ins Gesicht.

Glück widerfährt dir nicht. Glück findet, wer danach sucht.

Jammere nicht über ein Unglück, das noch gar nicht eingetroffen ist.

Wenn der Löwe weit weg ist, spielt sich der Wolf gern als Löwe auf.

Besitz erwerben kann jeder. Weise ist, wer ihn bewahren kann.

Sei freundlich und geduldig, dann wird dein Herz vollkommen.

Spende Trankopfer für deinen Vater und deine Mutter, die im Friedhof ruhen.

Liebe ist allemal besser als Zorn.

Geduld ist der Schlüssel zur Freude.

Beim Anblick vollkommener Schönheit schwinden dir leicht die Sinne.

Ein Verliebter betrachtet eine Blume mit anderen Augen als ein Kamel.

Wenn das Herz verletzt ist, dann wird die Sprache stürmischer als der Wind auf dem Meer.

Ist das Ende da, bleibt nur die Liebe.

Wenn man hier wie an anderen Stellen des Buches gleich eine ganze Serie von Spruchweisheiten auf einmal abgedruckt findet, hat das seine Tücken: Man überfliegt vielleicht die ganze Passage flüchtig – und hat nichts davon. Besser wäre schon, an einem der Sätze stutzig zu werden, innezuhalten, den Satz noch einmal zu lesen, vielleicht nach Analogien im eigenen Erfahrungswissen zu suchen. Auf diese Weise könnte dann das eine oder andere tiefer *unter de Haut gehen.* Schon der flüchtige Blick auf die wenigen zitierten Beispiele aus dem reichen Bestand an literarischer Überlieferung aus dem Alten Ägypten wird allerdings die humane Qualität dieser Hochkultur unter Beweis stellen können. Eindrucksvoll ist vor allem der Respekt der Ägypter vor der Unerschöpflichkeit der Natur sowie ihre Dankbarkeit für alles, was sie hervorbringt, insbesondere für das *Geschenk des Nils*, den Fluss, der Leben und Wohlstand spendet. Spürbar ist in den altägyptischen Zeugnissen auch immer wieder das ganz andere Zeitbewusstsein, das vom tiefen Glauben an die ewige Wiederkehr bestimmt wird, eine Grundhaltung der Gelassenheit, die jedem Fortschrittsglauben abhold erscheint und in allem Wandel die Dauer, die Wiederholung, den gleichmäßigen Rhythmus (etwa im Sonnenaufgang und -niedergang) spürt. So lautet ein Sprichwort: *Alles fürchtet sich vor der Zeit. Die Zeit aber fürchtet sich vor den Pyramiden.* In der Spätzeit Ägyptens münden die Weisheitslehren in eine umfassende Frömmigkeit, wie die zwei folgenden Sätze bezeugen: *Gottes Pläne sind eines – die Gedanken des Menschen ein anderes.* Und: *Es gibt kein Leben ohne Gott.*

2.5 „Salomon der Weise spricht …"

Als eine dritte Keimzelle der Sprichwortkultur im Alten Orient ist das Alte Israel zu nennen. Es stellt in gewisser Weise ein Bindeglied zwischen dem Zweistromland und Ägypten dar. Einerseits war Abraham, der Stammvater der Juden (und Araber), aus dem sumerischen Ur in das „Gelobte Land" eingewandert, und andererseits war Moses, auf den das biblische Fundament des Judentums gründet, ein „Kind" Ägyptens, wie sein Name bezeugt. Das Alte Israel hat der Welt einen Schatz an Sprichwörtern hinterlassen, die mehr noch als die sumerischen und altägyptischen Formeln im europäischen Sprachgebrauch lebendig blieben. Im Alten (oder Ersten bzw. Jüdischen) Testament sind viele im „Buch der Sprichwörter" zusammengefasst. Auch das „Buch der Weisheit" und die Spruchsammlung des Buches „Jesus Sirach" sind voll von Sätzen, die zu „Geflügelten Worten" geworden sind wie die folgenden Beispiele:

Wenn dich die bösen Buben locken, so folge nicht! – Wen der Herr lieb hat, den züchtigt er. – Unrecht Gut gedeiht nicht. – Wer Pech anfasst, der besudelt sich. – Wer andern eine Grube gräbt, fällt selbst hinein. (Wörtlich heißt es „Wer eine Grube macht, der wird hineinfallen.") – Der *Mensch denkt, Gott aber lenkt.* Auch hier lautet der genauere Text etwas anders als die sprichwörtlich gewordene Fassung, wie oben schon dargelegt wurde. Auffällig ist die Zweigliedrigkeit der Formel, wie wir sie auch aus den Psalmen kennen. Gerade aus den Psalmen, deren Ursprung auf die Zeit Davids und Salomons zurückgeht, sind viele Verse zu Sprichwörtern geworden wie die folgenden: *Seine Hände in Unschuld waschen* (Ps 26, 6), *Der Gerechte muss viel leiden* (Ps 34, 20), *Das nimmt ein Ende mit Schrecken* (Ps 73, 19), *Auf Herz und Nieren prüfen* (Ps 7, 10 u. öfters), *Recht muss Recht bleiben* (Ps 94, 14).

Die Fülle altjüdischer Sprichwörter wird in der Überlieferung auf den König Salomon (965-926 v. Chr.) zurückgeführt. Er gilt den Juden als der größte Weise Israels und hat nach einer Bibelstelle dreitausend Sprichwörter verfasst. Man könnte sie seitenweise zitieren und würde für die meisten der Aussagen Zustimmung bekommen.

Wie die Bibelexegeten aufzeigen, sind in vielen Weisheitslehren des Jüdischen Testaments die Überlieferungen aus dem ganzen Alten Orient versammelt, besonders aus dem Zweistromland wie aus Ägypten. Viele enthalten weniger theologische als lebenspraktische Erkenntnisse und Grundsätze einer guten Erziehung.

Generell haben die Sprichwörter aus dem Alten, dem Jüdischen Testament ganz wesentlich zur Ausbildung des abendländischen Moralkodex beigetragen. Entnommen aus Texten der „Heiligen Schrift“ mussten sie den Gläubigen als „Worte des lebendigen Gottes“ gelten. Wie viel Humanität in diesen Worten den Gläubigen vermittelt wurde, mögen noch ein paar weitere Sprüche Salomons bezeugen: *Hass weckt Streit, Liebe deckt alle Vergehen zu. – Weisheit erwerben ist besser als Gold, Einsicht erwerben vortrefflicher als Silber – Der Gerechte weiß, was sein Vieh braucht. – Eine tüchtige Frau, wer findet sie? Sie übertrifft alle Perlen an Wert. – Kommt Übermut, kommt auch Schande.* – Und *Hochmut kommt vor dem Fall!*

2.6 Ein frühes Kulturerbe der Menschheit

Das Alte Israel hat auch etliche Sprüche in die Sammlung Salomons aufgenommen, die nachweislich aus arabischer Quelle stammten. Sie sind als „Worte Agurs“ und „Worte an Lemuel“ registriert worden. Darin heißt es z.B. *Verleumde nicht einen Knecht bei seinem Herrn, sonst verflucht er dich, und du musst es büßen.* Oder: *Gebt berauschenden Trank dem, der zusammenbricht, und Wein denen, die im Herzen verbittert sind.* Zu nicht wenigen Sprüchen Salomons finden sich inhaltliche Entsprechungen im altarabischen Sprichwortgut. Meist geht es dabei um vergleichbare Ermahnungen zur Gerechtigkeit, aber auch darum, dass Frevler oft scheinbar straflos davonkommen. Eine altarabische Schicksalsformel lautet: *Wer kann denn dem zuwider stehen, was ihm sein Schöpfer hat gegeben.* Andere Sprüche Salomons sind nachweislich von ägyptischen Weisheitslehren übernommen. Bedenkt man die Vielfalt und den Rang der Sprichwörter aus dem Alten Orient, so wird man einerseits besser begreifen, wie das europäische Welt- und Menschenbild bis in diese Tradition zurückzuführen ist. Andererseits kann man aber auch voller Staunen wahrnehmen, wie bestimmte, bis heute gültige Verhaltensregeln oder Grunderfahrungen bereits in der Natur der Menschen verankert waren bzw. mit der Ausbildung der frühen Hochkulturen in ihr verankert worden sind.

Dies haben die hier zitierten Beispiele deutlich gemacht: Sprichwörter bilden eine uralte Form der menschlichen Mitteilung und Kommunikation. Grundelemente dieser Art und Weise, sich in verdichteten Sätzen auszudrücken, sind durch ihre schriftliche Überlieferung, wie sich zeigte, schon aus der Zeit vor drei- bis viertausend Jahren bezeugt. Sie sind damit ein Stück Kulturerbe der Menschheit. Welche Verbreitung sie im mündlichen Gebrauch hatten, können wir nicht wissen. Aber da nicht wenige dieser sprichwörtlichen Wendungen von alltäglichen Dingen handeln – von streunenden Hunden zum Beispiel oder vom schlechten Schlaf oder davon, was passiert, wenn man in den Himmel spuckt –, vor allem aber von Beziehungen der Menschen zueinander, von Pflichten und Emotionen, darf man vermuten, dass darin eine Art Geflügelter Worte der damaligen Zeit steckt. Ihr Kern und Ursprung bezieht sich offenbar auf drei Lebens- und Erfahrungsbereiche: Recht, Religion und (Mit-)Menschlichkeit. Rechtssätze ließen sich am besten in knappen, eindeutigen Sätzen verkünden und durchsetzen (*Auge um Auge, Zahn um Zahn*). Von den übernatürlichen Kräften war die Lebenswelt in allen frühen Hochkulturen durchdrungen und getragen. Wie gut kann man daher z.B. das Bedürfnis eines sumerischen Bauern nachempfinden, seinem persönlichen Schutzgott keine Kränkung zuzufügen, um nicht seine Fürsprache vor der (allmächtigen!) Götterversammlung aufs Spiel zu setzen. Vor allem bezeugen die frühen Sprichwörter die Pflicht zur sozialen Bindung, zum Zusammenhalt der Gesellschaft und zum klugen Verhalten.

Die hier ausgewählten Beispiele beschränkten sich auf die drei frühen Hochkulturen im Zweistromland, am Nil und im „Gelobten

Land". Natürlich wären auch weitere Völker im gesamten „Fruchtbaren Halbmond" (der nichts mit dem Halbmond der Muslime zu tun hat) – zwischen Jericho, Anatolien und dem Persischen Golf – zu berücksichtigen. Der ganze Raum besitzt Zeugnisse der neolithischen Revolution und somit vom Ursprung unserer Zivilisation. Sprichwörtliche Redensarten wären auch hier zu finden, etwa bei den Kretern, den Phrygern und Lydern (man denke an „Gyges und seinen Ring" oder an den König Krösus mit seinem sagenhaften Reichtum). Zu Unrecht sind auch die Hethiter meist nur im Schatten der Geschichte zu finden. Auf einer hethitischen Inschrift wird ein König ermahnt, *die Hungrigen zu speisen, die Durstigen zu tränken und denen, die unter Kälte leiden, Kleider zu geben.* Die Mahnung kehrt später wieder in den ersten drei „Werken der Barmherzigkeit" als Gebot christlicher Nächstenliebe. Zu erinnern wäre als wichtiges Volk im fruchtbaren Halbmond an die Phönizier, die vor den Juden in das „Gelobte Land" einwanderten und deren Schriftzeichen zu Grundformen für das griechische und lateinische Alphabet geworden sind.

Im fruchtbaren Zweistromland ist um 1300 v. Chr. mit dem Gilgamesch-Epos das älteste uns überlieferte Großepos der Weltliteratur entstanden. Es handelt nicht nur von Freundschaft und gewaltigen Taten, sondern auch vom menschlichen Leid und vom Tod mit Worten wie diesen *Als die Götter die Menschheit erschufen, Tod haben sie für die Menschen bestimmt!* Und *Der Schläfer – der Tote: Wie gleichen sie sich!* Das Gilgamesch-Epos, dessen Quellen bis zur Wende vom 3. zum 2. Jahrtausend zurückreichen, bezeugt ähnlich, wie dies die Grabungsfunde im Nahen Osten tun, ein enormes kulturelles Niveau der damaligen Staatenwelt. In den Stromtalkulturen am Nil wie in Mesopotamien gab es die ersten Großstädte der Menschheit, deren Bevölkerung aufgrund intensiver Agrarwirtschaft und spezialisiertem Gewerbe einen hohen Lebensstandard erreichte. Das öffentliche Verteilungssystem garantierte bereits eine Art Versorgungsstaat. Altbabylonien vertrat hohe moralische Standards, wie der Brief eines Königs an seine Beamten z.B. mit dem Satz bezeugt „Wisset ihr nicht, dass im Haus unseres Herrn nicht gelogen wird!" Am Nil hatte die Pharaonenherrschaft mit kurzen Unterbrechungen bis in die römische Kaiserzeit Bestand. Auf dem Kulturboden des Zweistromlandes errichteten im letzten Drittel des 2. Jahrtausends die Assyrer ihre Herrschaft, denen dann schließlich die Achämeniden folgten und das Großreich der Perser zu kultureller Hochblüte führten. Aus ihrem Sprichwortschatz seien zum Schluss dieses Kapitels die folgenden Beispiele in Erinnerung gebracht: *Gottes Haustür ist immer offen. – Kinder sind eine Brücke zum Himmel. – Auf Rat hören ist die Wurzel des Wohlstands. – Lieber ein altes Kleid flicken, als ein neues borgen. – Der Wunsch des Mannes kommt zu Fuß, die Wünsche der Frauen können fliegen. – Der erste Schlag muss kräftig sein, dann ersparst du dir viele weitere. – Sprichwörter sind der Schmuck einer Rede.*

3. Von Griechen und Römern: Alte Spruchweisheiten als humanistisches Erbe

3.1 So frisch wie vor 2000 Jahren

Es ist schwer zu sagen, wie viele gängige Redensarten, die fest zum deutschen Sprachschatz gehören, wir Schriftstellern und Denkern aus der Antike verdanken. Auch wenn ihre Zahl in unserer Zeit abnimmt, sind es gewiss noch Hunderte. Viele hatte bereits Georg Büchmann gesammelt, weitere sind von Spezialisten zusammengetragen worden. Leicht zugänglich findet man eine Auswahl kluger Zitate antiker Autoren in Taschenbüchern wie denen von Alfred Sellner („Latein im Alltag") oder Klaus Bartels („Veni, vidi vici").

Wer kennt nicht Redewendungen wie die folgenden: *Eine Hand wäscht die andere. – Steter Tropfen höhlt den Stein. – Wehret den Anfängen. – Versprich keine goldenen Berge. – Allzu viel ist ungesund.* Das sind lauter Lebensweisheiten aus dem literarischen Bildungskosmos der Antike, wenn sie auch sprachlich in der deutschen Fassung etwas geglättet wurden. Das erstgenannte Sprichwort wurde von Sokrates benutzt, findet sich sodann beim Staatsdenker Cicero und vor allem bei Seneca wieder, dem Dichter und Philosophen der Stoa. Er gab dem ursprünglich griechischen Sprichwort die gängige lateinische Fassung: manus manum lavat. Im Deutschen sagt die Formel *Wie du mir, so ich dir* so ziemlich das Gleiche. Die zweite der genannten Spruchweisheiten liest man beim virtuosen Dichter Ovid, ebenso die dritte (in der lateinischen Form *principiis obsta!*). Die Redewendung von den „goldenen Bergen" erfand der römische Komödiendichter Plautus. Schon bei Homer findet sich sinngemäß die Warnung vor dem „Allzu viel"; explizit gebrauchte Solon, der weise Staatsmann und

Reformer Athens, die Formel, ebenso Aristoteles, ferner Terenz und andere römische Autoren, letztere in der lateinischen Version *ne quid nimis!* = Von nichts zu viel! Nichts übertreiben! Zu den geläufigsten Sprichwörtern (denen man auch besonders gern Glauben schenkt) zählt *Im Wein ist Wahrheit.* Es ist uralt, kommt schon im 7. Jh. v. Chr. vor. Literarisch ist es bei Theokrit bezeugt, dem Dichter des griechischen Landlebens. Es wird von Äschylos und Platon benutzt, ebenso in Rom vom Biographen Plutarch oder von dem Naturforscher Plinius dem Älteren, der die Wendung als eine Spruchweisheit bezeichnet, die „im Volksmund" verbreitet ist. Parodisten ergänzen heutzutage den Spruch gern mit dem Zusatz: *Im Wein ist Wahrheit. Der Schwindel steckt im Etikett!* Die Weisheit der Geflügelten Worte aus der Antike ist ein wesentlicher Bestandteil der abendländischen Geistesgeschichte.

3.2 Die Überlieferung antiker Texte

Dass so viele Geflügelte Worte antiker Autoren den Weg in unsere Sprache fanden, ist vor allem das Verdienst der Humanisten. Sie haben in den Jahrzehnten um 1500 ungemein vieles aus der griechischen und römischen Literatur mit ihrer Sammler-, Editions- und Übersetzungsarbeit am Leben erhalten und der Nachwelt überliefert. Eine entscheidende Rolle spielte dabei der *Fürst aller Humanisten* Erasmus von Rotterdam (1466/69-1536). Er hat zwar nicht die erste, aber die bedeutendste Sammlung der aus der Alten Welt überkommenen Sprichwörter zusammengestellt und erstmals im Jahr 1500 im Druck veröffentlicht. Er gab der Sammlung den etwas geschraubten Titel „Adagia", was im Gelehrtenlatein auch „Sprichwörter" bedeutet. Leicht zu erkennen ist, dass es sich bei dieser Bestandsaufnahme der antiken Redensarten um eine Sache von Gelehrten für Gelehrte handelt, mit der sich Erasmus selbst als klassisch gebildeter Humanist auszuweisen verstand. Niemand kannte in der Tat die antike Literatur besser als er. Die Sprache war ihm als Medium des Geistes und der Kommunikation das höchste Gut. Und in den Sprichwörtern sah er offenbar ein probates Mittel, die Welt und den Menschen tiefer zu erkennen.

Konsequent hat Erasmus seine Sammlung in immer neuen Auflagen ergänzt und erweitert. Unterstützt haben ihn dabei viele seiner zahlreichen Leser mit brieflich mitgeteilten Funden und Fundstellen. Am Ende enthielten die „Adagia" rund 4000 Redewendungen, viele aus der Bibel, die meisten aus Werken antiker Autoren, einschließlich solcher von Kirchenvätern der Spätantike. Unter all seinen vielen Werken war ihm offenbar die Sprichwörtersammlung am meisten ans Herz gewachsen; ließ er sich doch mit einem Exemplar davon auf einem berühmten Porträt von Hans Holbein d.J. darstellen. Als Humanist und Literat konnte Erasmus freilich nur den literarischen Ursprüngen der Sprichwörter auf die Spur kommen. Wie lange ein Sprichwort vielleicht schon im Volksmund geläufig war, als ein Schriftsteller es in seinem Text verwendete, das konnte Erasmus ebenso wenig ermitteln, wie wir das heute könnten. Im Übrigen ist zu bedenken, dass er alles in der damaligen „lingua franca", in Latein, gesammelt und erklärt hat. Der Blick auf die Herkunft der von Humanisten gesammelten Geflügelten Worte aus der Antike macht den urbanen Charakter der griechisch-römischen Geisteswelt deutlich. In den Städten fanden die Autoren ihr Publikum, und hier kursierten ihre prägnanten Formulierungen. Nimmt man dann die vielen Zitate antiker Autoren im allgemeinen Sprach- und Bildungsgut der Völker Europas bis in die Gegenwart, dann sind sie auch als Zeugnisse eines gemeinsamen europäischen Welt- und Menschenbildes zu verstehen, das in solchen Spruchweisheiten verankert ist oder zum Ausdruck kommt.

Erasmus hat in den „Adagia" jeweils nicht nur die originale Version der Sprichwörter und ihre Herkunft vermerkt, sondern eine Interpretation hinzugefügt von unterschiedlicher Tiefe und Breite. So heißt es z.B. beim Ausdruck *ein weißer Rabe*, er passe auf einen Individualisten, der sich nicht in den Rahmen der allgemeinen Anschauungen fügt. Er komme, wie er zitiert, bei Juvenal vor, dem letzten römischen Satiriker (gest. 140 n. Chr.) wie bei dem griechisch-römischen Arzt Galen (gest. 200 n. Chr.), der bekanntlich die europäische Medizin bis ins 16. Jh. maßgeblich bestimmt hat. Das Sprichwort hätte sich wohl kaum so verbreitet, hätte man in Europa nicht seit der Antike auf solche Individualisten ein besonderes Augenmerk gehabt. Übrigens entstammt auch der Ausdruck für einen farblosen Menschen, er sei *weder Fisch noch Fleisch*, schon der Antike. Auf Hieronymus, den 420 n. Chr. verstorbenen Kirchenlehrer, gehen u.a. die folgenden Redensarten zurück: *Für jemanden die Hand ins Feuer legen* – Aus *der Not eine Tugend machen – Einem geschenkten Gaul schaut man nicht ins Maul.* Hierbei brauchte Erasmus nicht zur Erklärung des letztgenannten Sprichworts darauf hinzuweisen, dass man beim regulären Kauf eines Pferdes eben am Gebiss des Tieres am besten sein Alter erkennt. Von Augustinus, dem wohl bedeutendsten Kirchenvater, zitiert Erasmus u.a. die Redensarten *Gegen den Strom schwimmen. – Sich ein Luftschloss bauen. – Etwas mit der Muttermilch aufsaugen.* Bei Letzterem dachte er natürlich an die Grundwahrheiten des Christentums, die er selbst von seiner Mutter Monika, einer gläubigen Christin, aufgenommen hatte. Solche überaus leicht verständliche Beispiele aus der Literatur der Patristik lassen ahnen, dass deren Texte nicht nur die exklusive Schicht der Theologen faszinierten, sondern gewiss auch, zumindest fragmentarisch, in die Volksseelsorge hineingewirkt haben.

3.3 Erasmus von Rotterdam als Sprichwortexperte

Zu dem bis heute beliebten Sprichwort *Geld stinkt nicht* erzählt Erasmus folgende Herkunftsanekdote, die in der „Römischen Geschichte" des Cassius Dio überliefert ist: „Zweifellos witzig, aber trotzdem abscheulich ist dieser bekannte Ausspruch Vespasians. Als er in seiner schamlosen Habgier so weit ging, den Urin mit einer Steuer zu belegen, und sein Sohn Titus ihm darob Vorhaltungen machte, dass er aus einer so ekligen Sache Gewinn ziehen wolle, hielt er ihm das bald darauf das aus dieser Steuer eingegangene Geld unter die Nase und fragte ihn, ob es stinke ... In Bezug darauf sagt Ammian: Bei jeder Gelegenheit wittern sie Gewinn. Und der bekannte Satz des Ennius ‚Woher du was hast, fragt keiner, nur dass du es hast, ist wichtig', der ist nicht nur in den allgemeinen Sprachgebrauch eingegangen, er hat auch die menschliche Denk- und Lebensweise ganz und gar durchdrungen." Was die „Adagia" nicht erklären, ist die Tatsache, dass Vespasian diese Urinsteuer wohl von den Walkern und Gerbern erhob, die den Urin für ihr Gewerbe aus den öffentlichen Latrinen bezogen.

Besonders kritisch ist der Kommentar von Erasmus zu dem Sprichwort *Von einem Toten Steuern verlangen.* Er schreibt: „Aristoteles zitiert im 2. Buch der Rhetorik den Satz ‚Sogar von den Toten nimmt er Steuern an', und führt aus, dass das von Leuten gilt, die schamlos aus allem und jedem Gewinn zu ziehen versuchen, aus den wertlosesten und schäbigsten Dingen ebenso wie aus den verwerflichsten, z.B. aus Zuhälterei und Prostitution ...". Erasmus verweist auf die Geldgier der Kirche, bei der die Geldverleiher zu den tragenden Säulen gezählt würden, während man den Bauernstand gering achte. Er prangert die Adligen an, die alles für sich in Anspruch nähmen, „als ob sie allein Menschen wären: Meere, Flüsse, Straßen und Jagden, die selbst unter der Herrschaft von Tyrannen Allgemeinbesitz gewesen waren." Als besonders verwerflich erscheint ihm folgende Tatsache: „An manchen Orten hat man nicht die Freiheit, eine gültige Ehe einzugehen, ohne dass man eine Gebühr entrichtet. Doch was strenge ich mich überhaupt an, diese Dinge in allen Einzelheiten aufzuzählen! Die Raubgier dieser Leute übersteigt ja doch alle Möglichkeiten der Beschreibung. Aus allem und jedem pressen sie einen Gewinn heraus, und sie kennen kein Maß und kein Ziel ...". Solche Passagen zeigen nicht nur, mit welch beißender Zeitkritik Erasmus der eigenen Gegenwart die sprichwörtlichen Leviten las. Sie lassen auch den Erfolg verstehen, den er mit dem Werk erzielte. Noch zu seinen Lebzeiten erlebten die „Adagia" 28 Auflagen. Weitere Ausgaben und viele Übersetzungen folgten, so dass man allein im 16. Jh. davon 150 Titel zählte. Noch Goethe hat seinem Freund Schiller die Lektüre der

„Adagia" eigens ans Herz gelegt. Bis heute verspricht die (wenn auch nur kursorische) Lektüre des Werkes großes Vergnügen, stößt man doch auf eine unerwartete Vielzahl und Vielfalt von vertrauten Sprichwörtern, deren Herkunft aus der Antike Erasmus in Erinnerung brachte. Ein paar Beispiele mögen das unterstreichen: *Das Hemd ist mir näher als der Rock* steht beim Komödiendichter Plautus. Vom *notwendigen Übel* sprach erstmals der Geograph Strabo, wobei Erasmus seiner Erklärung des Wortes hinzufügt, es sei auch auf die Ehefrau anwendbar. *Öl ins Feuer gießen* findet man beim großen Poeten Horaz in seinen Satiren. Auf ihn geht auch die Redensart *Stumm wie ein Fisch* zurück oder die Formel *Etwas auf die leichte Schulter nehmen* (wörtlich *ferre sinu laxo* = auf schlaffer Schulter tragen). *Noch nicht aller Tage Abend* formulierte Livius in seinem Geschichtswerk. Von ihm stammen auch die Merksätze *Besser spät als nie!* und *Not lehrt beten. Wir sitzen alle im gleichen Boot* hat der große Staatsdenker Cicero geschrieben. Von ihm stammt auch die kluge Feststellung *Das Gedächtnis nimmt ab, wenn man es nicht übt.* Klügeres konnte auch die moderne Neurobiologie dazu mit ihren ausgeklügelten Methoden der Hirnforschung nicht herausfinden. *Die Menschen glauben im Allgemeinen gern, was sie wünschen,* steht in Caesars „Gallischem Krieg". Vom *unblutigen Krieg* oder vom *Sieg ohne Tränen* (wovon wohl die US-Militärs im Irak-Krieg geträumt haben) schrieb Plutarch, und bei ihm findet sich auch die Redensart *Mit einem Fuß im Grabe stehen.* Auf den römischen Naturforscher Plinius gehen neben den oben bereits zitierten Ausdrücken auch die folgenden zurück: *Steter Tropfen höhlt den Stein* oder *Schuster, bleib bei deinen Leisten,* wobei Plinius Letzteres wohl aus einer älteren griechischen Quelle übernommen hat. Bei Plinius findet man auch eine Erklärung für den Ausdruck *Eine Eselsbrücke benützen.* Er meinte, dass Esel nicht hinunter aufs Wasser sehen könnten, ohne unsicher und störrisch zu werden, so dass man mit ihnen nur Brücken betreten könne, die entsprechend tritt- und narrensicher seien. Vielleicht aber kommt der Ausdruck auch, wie Umberto Eco vermutet hat, von einer der Gedächtnisstützen, mit denen man in der Antike die Lehrsätze des Euklid den Schülern einprägte; denn eine von ihnen hieß „pons asini“ = Eselsbrücke.

Was Erasmus an den Sprichwörtern so faszinierte und was ihn motivierte, sie so systematisch zu sammeln und zu interpretieren, kann man beispielsweise aus seinen mehrseitigen Ausführungen zum Sprichwort *Eile mit Weile* (lateinisch *festina lente!*, einem Wahlspruch des Kaisers Augustus) entnehmen. Er schreibt dort: „Das Sprichwort hat, was recht reizvoll ist, äußerlich etwas von einem Rätsel an sich, denn es besteht aus zwei gegensätzlichen Begriffen (wie zum Beispiel Glück im Unglück oder nolens volens …). Die lebendige Frische der Wendung, die feine Pointe der Anspielung erhält durch die treffende und vollendete Kürze noch ihren besonderen Schliff, und das ist es, was für mein Gefühl (das ich nicht begründen kann) an Sprichwörtern genau wie an Juwelen so außerordentlich gefällig wirkt und ihren Wert verblüffend steigert.“ Nach weiteren Aspekten kommt Erasmus zu dem Schluss, dass der Spruch „Eile mit Weile“ in den verborgenen Tiefen uralter Weisheit seinen Ursprung habe. Ähnliches könnte man gewiss von vielen Geflügelten Worten sagen. Dabei lässt sich die Ambivalenz der Lebenswirklichkeit wohl nicht prägnanter zum Ausdruck bringen als in der stilistischen Form eines solchen „Oxymoron“, einer Verbindung von Gegensätzen in der denkbar schärfsten Verknappung.

3.4 Vielfalt des humanistischen Erbes

Die Bewunderung für Erasmus gilt nicht nur den „Adagia“. Respekt verdient ebenso sein Einsatz für Frieden und Versöhnung. Zeitlos gilt seine Warnung: *Dulce bellum inexpertis! = Süß ist der Krieg nur den Ahnungslosen!* Und auch als Weltbürger und Reformtheologe bleibt dieses Genie bewundernswert. Daran ändert die Kritik aus dem altkirchlichen Lager nichts, der zufolge er *die Eier legte, die Luther ausgebrütet hat.*

Neben Erasmus gab es weitere Humanisten, die sich bei der Wiederbelebung der Antike um die Weitergabe des Sprichworterbes verdient gemacht haben. Zu erinnern ist an Johann Agricola (1494-1566), einen Schüler und zeitweiligen Mitarbeiter Martin Luthers, Prediger am Hof des Kurfürsten von Brandenburg. Er edierte die erste deutschsprachige Sammlung „Siebenhundert und fünffzig Deutscher Sprichwörter". Johann Fischart (1546-1590) hat mit der frei ins Deutsche übersetzten Fassung des „Gargantua" von Rabelais mit dem Titel „Geschichtsklitterung" zur Erweiterung des deutschen Sprichwortgutes beigetragen. Ganz entscheidend hat Sebastian Franck (1499-1543) – auch er Lutheraner – mit seinen Werken „Paradoxa" und „Sprichwörter" daran mitgewirkt, dass der Reichtum an stehenden Wendungen „unters Volk" kam. Auf katholischer Seite gehört dem Satiriker Thomas Murner (1475-1537) das Verdienst, in seinen bissigen Texten (u.a. der Streitschrift „Von dem großen Lutherischen Narren") sprichwörtlich gewordene Formulierungen in Umlauf gebracht zu haben wie z.B. *Jemanden dahin wünschen, wo der Pfeffer wächst.* Die Zitate aus den Werken antiker Autoren sind natürlich nicht als starre Formeln tradiert worden, vielmehr als lebendige Elemente einer fortwährenden Entwicklung. Für das Fortwirken antiker Lebensweisheiten haben die Dichter und Schriftsteller ebenso beigetragen wie die Gymnasien, die bis in die jüngste Vergangenheit der Lektüre antiker Klassiker hohe Priorität gewährt haben. Es wird an anderer Stelle (Kap. 9.1) noch einmal auf das Latein als „lingua franca" innerhalb der europäischen Sprachenvielfalt zu verweisen sein und auf weitere Zeugnisse Geflügelter Worte aus der Antike.

3.5 Sinnsprüche aus dem Griechischen

In Ergänzung zu den bisher vorgestellten Beispielen soll an den Geflügelten Worten antiker Autoren nun doch auch, wenigstens kursorisch, aufgezeigt werden, wie die Spruchweisheiten manches über die Gesellschaft aussagen, aus deren Lebenswelt sie stammen. Wendet man sich den aus der griechischen Literatur überlieferten Sprichwörtern und Zitaten zu, dann kommt wohl besonders deutlich der geistige Tiefgang zum Ausdruck, der darin auf geradezu klassische Weise formuliert ist. Im weitesten Sinn sind alle Texte griechischer Autoren philosophischer Natur. Man kann als herausragende Mitgift der Griechen für die Kultur Europas die Erkenntnis des Geistes, d.h. die Aufklärung der Welt der Ideen und Begriffe bezeichnen. Dem entspricht die Qualität vieler Spruchweisheiten aus dem Griechischen wie die der folgenden:

Der Mensch ist das Maß aller Dinge. Der Satz stammt von Protagoras, einem der Vorsokratiker, jenen Urvätern des philosophischen Denkens im Abendland. – *Der Krieg ist der Vater von allem.* Diesen Satz verdanken wir Heraklit, dem wohl einflussreichsten Vorsokratiker. Er offenbart die ganze Wucht und die Ambivalenz solcher Grund-Sätze. Gleiches gilt für Heraklits Formel des Daseins *Alles fließt.* – *Erkenne dich selbst!* und *Nichts im Übermaß!* Diese beiden Sätze werden u.a. Sokrates in den Mund gelegt. Beide befanden sich als Tempelinschriften in Delphi, dem Ort für die weisen Botschaften aus dem Erfahrungsschatz der Pythia. *Medèn ágan!* (Nichts im Übermaß!), denn in der Hybris, der Überheblichkeit sahen die Griechen die gefährlichste Wurzel allen Streites, aller Kriege, allen Übels. – *Das Leben ist kurz, groß und weit ist die Kunst.* Mit diesem Satz beginnen die Aphorismen des Hippokrates, auf dessen Ethos Ärzte bis heute ihren Berufs-Eid leisten. Auch dies schärfte Hippokrates den Medizinern ein, bei allen Kranken dem doppelten Grundsatz zu folgen, *zu helfen oder doch wenigstens nicht zu schaden.* – *Nicht die Arbeit, sondern das Nichtstun ist Schande.* Den Satz formulierte Hesiod, der in seinem Versepos „Werke und Tage" die Alltagswirklichkeit der Menschen so trefflich schilderte. Von ihm stammt auch die Erkenntnis: *Vor die Vollendung* (in einer anderen Übersetzung: *vor den Erfolg) haben die Götter den Schweiß gesetzt.* – *Der Anfang ist mehr als die Hälfte des Ganzen.* Sowohl Platon als auch Aristoteles nennen diese Weisheit eine sprichwörtliche Aussage. Sie entspricht der deutschen Version *Frisch gewagt, ist halb gewonnen.* – *Der Mensch ist ein von Natur aus politisches Wesen.* Das ist eine der meistzitierten

Sentenzen von Aristoteles. Ähnliches gilt für seine These *Der Mensch strebt von Natur aus nach Wissen (oder Erkenntnis).* Auch dem folgenden Diktum des Realisten Aristoteles wird man zustimmen: *Nicht die Taten bewegen die Menschen, sondern die Worte über die Taten. – Viel Ungeheuerliches gibt es, doch nichts ist so ungeheuerlich wie der Mensch.* So heißt es in der Antigone des Sophokles. Die Heldin des Stücks lässt der Dichter aber auch bekennen: *Nicht mitzuhassen, vielmehr mitzulieben bin ich geboren.*

Der griechischen Literatur verdankt die Welt eine eigene Gattung belehrender Sprüche, die Fabel. Von Äsop, einem Sklaven aus Phrygien (dem heute türkischen Anatolien), stammt die älteste Sammlung von Fabeln. Sie ist allerdings erst in nachchristlicher Zeit in Rom von Phädrus (einem Freigelassenen des Kaisers Augustus) aufgezeichnet und übersetzt worden. Aus den Fabeln Äsops sind viele Wendungen sprichwörtlich geworden, so zum Beispiel *Eine Schwalbe macht noch keinen Sommer. – Leiden sind Lehren. – Sich in die Höhle des Löwen wagen. – Wer einmal lügt, dem glaubt man nicht* ... Zur weiten Verbreitung der Fabeln Äsops hat die Ausgabe entscheidend beigetragen, die Martin Luther 1530 geschaffen hat, „um sie für Kinder und einfache Leute in eine verständliche und anschauliche Sprache zu bringen." Er hielt die Fabeln Äsops für die wichtigste Schullektüre nach der Bibel. Phädrus hat in seiner Vorrede zur Nachdichtung der Äsop'schen Fabeln den Sinn der Fabeln so umschrieben:

„Beispiele sind's, worin Äsop uns dichtet, / und keinen andern Zweck verfolgt die Fabel, / als dass der Menschen Irrtum sie verbess're / und ihre Tätigkeit und Umsicht schärfe ..."

3.6 Rechtsformeln als römisches Erbe

Die Römer haben im Zuge der Expansion ihres Imperiums nach Osten die Griechen militärisch besiegt, zugleich aber gelang es den Griechen, die Römer ihrer Kultur zu unterwerfen. Nach dem Vorbild der urbanen Oberschicht in der hellenistischen Welt wurden Literatur und Bildung auch für vornehme Römer unverzichtbar. Will man auch bei den Römern etwas herausheben, das in einzigartiger Weise von ihnen erarbeitet und der Nachwelt vererbt wurde, dann kommen vor allem ihre Einsichten in das Wesen von Staat und Recht in den Blick. Viele Geflügelte Worte römischer Autoren bezeugen das. Detlef Liebs hat eine Fülle davon zusammengestellt in dem Band „Lateinische Rechtsregeln und Rechtssprichwörter" (1982/2007). Hier einige Beispiele:

*Das Wohl des Volkes (*bzw. das der Allgemeinheit = das Allgemeinwohl*) hat das oberste Gesetz zu sein.* Diesen Grund-Satz politischen Handelns findet man bei Cicero. Seine Schriften sind voll von klugen Einsichten in das Wesen des Rechts. Bei ihm sind Sätze wie die folgenden zu lesen: *Summum ius summa iniuria* = Auf die Spitze getriebenes Recht ist höchstes Unrecht. *Gedanken sind frei.* (Luther bezog den Satz auf deutsche Verhältnisse, wenn er formulierte *Gedanken sind zollfrei*). *Jedem das Seine zuteilen!* So definierte Cicero die Funktion der Gesetze. *Um Kleinigkeiten kümmert sich das Gesetz nicht.* (De minimis non curat lex), in einer anderen Formulierung lautet der Grundsatz: *Um Großes kümmern sich die Götter, Kleines vernachlässigen sie.* Ähnliches drückt auch das aus der Antike überlieferte Sprichwort aus *Ein Adler fängt keine Fliege.* Von Cicero stammt auch der Satz *Gesetze schlafen zuweilen, doch sie sterben nie.*

Ein uraltes Prinzip römischen Rechtsdenkens, dessen Ursprung nicht mehr zu ermitteln ist (weshalb man ganz wörtlich von einem principium, d.h. einem Ursprung sprechen kann), lautet *Audiatur et altera pars* = Auch die Gegenseite muss gehört werden. Die Formel ist u.a. als Inschrift an der Decke des Friedenssaales im Rathaus zu Münster zu lesen, wo 1648 der Vertrag zwischen Frankreich und dem Reich den Dreißigjährigen Krieg beendete. Ein anderer Grundsatz des römischen Rechts sei zitiert: *Wer die Bösen schont, schädigt die Guten.* Aber auch *Gegen Gewalt ist das Recht machtlos.* So steht es im Corpus Juris Justinians. Dort gibt es auch Regeln für den Prozess gegen einen, *der auf frischer Tat ertappt wurde.* Und in diesem Fundament europäischer Rechtsentwicklung steht auch die beruhigende Regel *Ultra posse nemo obligatur* = Über sein Können hinaus ist niemand zu verpflichten.

Zum Ende dieses Kapitels mit Zitaten antiker Autoren mögen ein paar allgemeine Lebensweisheiten der Römer zu weiteren Entdeckungen ermuntern. In den hier wie auch zuvor zitierten Sätzen steckt nicht nur zeitlose Lebensweisheit. Diese Sätze verraten auch etwas von der Lust der römischen Oberschicht an geformter Sprache. Die Eliten der klassischen Antike hatten Wohlstand und Bildung vereint. Literatur gehörte in ihren Alltag. Viele fanden in höchsten Ämtern noch Zeit zum Schreiben: Briefe, Reden, Reflexionen. Man lese z.B. die „Selbstbetrachtungen" des Kaisers Mark Aurel. Oder die Werke des Konsuls Cicero. Unentwegt erinnern geläufige Sprichwörter an die Großen der antiken Welt. *Das Glück ist blind.* (Cicero). *Das Gerücht wächst mit der Verbreitung.* (Vergil). *Dem wachsenden Geld folgt die Sorge.* (Horaz). *Drei bilden ein Kollegium.* (Corpus Juris). *Ein Lügner braucht ein gutes Gedächtnis.* (Über die Redekunst). *Ein gesunder Geist in einem gesunden Körper.* (Juvenal; er formulierte allerdings „Sit mens sana in corpore sano": Es sollte ein gesunder Geist in einem gesunden Körper sein). *Dem Mutigen hilft das Glück.* (Terenz). *Wenn zwei sich streiten, freut sich der Dritte.* (Livius). *Irren ist menschlich.* (Cicero und Seneca). *Scientia prodest* = Wissen nützt. (antikes Sprichwort, dem freilich das sokratische Prinzip aller Erkenntnis hinzuzufügen ist: *Ich weiß, dass ich nichts weiß.*) *Bald – und du wirst alles vergessen. Bald – und alles hat dich vergessen.* (Mark Aurel). Zum guten Schluss zwei Sentenzen Senecas: *Gut ohne Gott ist keiner,* und: *Worte belehren, Beispiele reißen mit,* besser bekannt wohl in der lateinischen Fassung: *Verba docent, exempla trahunt.*

4. Aus christlicher Überlieferung: Bibelworte und geistliche Sentenzen

4.1 Biblisches im alltäglichen Wortschatz

Die Alltagssprache kennt eine Menge Spruchweisheiten, die wohl nur der Kenner auf „das Buch der Bücher" zurückführt, auf die Bibel also, die „Heilige Schrift". Für Juden und Christen haben die Texte der Bibel Offenbarungscharakter; sie sind „Worte Gottes." Das gibt den Spruchweisheiten, die daraus stammen, eine besondere Würde. Dabei befinden sich darunter viele Sätze, die auf den ersten Blick nicht unbedingt mit Religion zu tun haben wie die folgenden: *Bleibe im Land und nähre dich redlich! – Die Spreu vom Weizen trennen. – Jemanden in die Wüste schicken. – Der Mensch lebt nicht vom Brot allein. – Jemanden unter seine Fittiche nehmen. – Wer sucht, der findet.*

Der erste der hier zitierten Sätze mag spießig klingen, richtet sich aber in Psalm 37 an den Frommen mit der Warnung, sich niemals von Frevlern verführen zu lassen, sondern das Gute zu tun, im Land wohnen zu bleiben und „die Treue zu wahren" (was Luther eben mit dem biederen Ausdruck „nähre dich redlich" übersetzt hat). Die Spreu wurde seit Jahrtausenden beim Dreschen vom Korn getrennt. Wie man im Matthäusevangelium (Mt 3, 12) lesen kann, hat Johannes der Täufer in seiner Bußpredigt den Zuhörern durch den Vergleich mit der Trennung der Spreu vom Weizen im Dreschvorgang bildhaft vor Augen gestellt, wie der Geist Gottes die Verdammten von den Erlösten scheiden werde. Derselbe Geist trieb, wie das Markusevangelium (Mk 1, 12) berichtet, Jesus nach seiner Taufe im Jordan in die Wüste, wo er sich 40 Tage bei wilden Tieren aufhielt. Von den „Versuchungen Jesu" bei diesem Wüstenaufenthalt liest man im Lukas- und Matthäusevangelium jeweils im 4. Kapitel eigenartige Geschichten. Auf die verfängliche Herausforderung des Satans, Jesus möge als „Sohn Gottes“ aus den Steinen Brot machen, antwortet er mit einem Bibelzitat aus dem 5. Buch Moses: *Der Mensch lebt nicht vom Brot allein.* Da sich dieses Geflügelte Wort auf die verschiedensten Situationen anwenden ließ und lässt, ging der ursprüngliche Kontext meist verloren. Man konnte den Satz sogar parodieren mit dem Zusatz *Der Mensch lebt nicht vom Brot allein – es muss noch was dazwischen sein.* Die Rede von den Fittichen gibt sich zwar als altertümlich zu erkennen, da man heutzutage eher von Flügeln als von Fittichen spricht, aber dass hier ein Vers aus dem Psalm 61, 5 zitiert wird und dass damit ein auf Gott Vertrauender unter den Fittichen seine absolute Geborgenheit dankbar zum Ausdruck bringt, dessen wird man erst im Blick auf die Herkunft des Satzes bewusst. Um Vertrauensbildung geht es auch in der bei Matthäus 7, 8 wiedergegebenen Stelle aus der Bergpredigt von Jesus, *Wer sucht, der findet.* Das ist kein Werbeslogan von Google und erst recht nicht das Ergebnis einer statistischen Analyse von erfolgreichen Verhaltensweisen, sondern – nun ja, ein Appell Christi an die Christen, ganz vertrauensvoll Gott als ihren Vater in Anspruch zu nehmen: „Bittet, dann wird euch gegeben; sucht, dann werdet ihr finden. Denn wer bittet, der empfängt; wer sucht, der findet.“ So lautet der ganze Satz, dem das Sprichwort entnommen ist.

Bibelsprüche sind *zahlreich wie Sand am Meer* (so kann man es mit einer Formel aus dem 1. Buch Samuel ausdrücken). Dreitausend „Biblische Redensarten und Sprichwörter“ hat Heinz Schäfer aus der Lutherbibel gesammelt und in einem Buch nachgewiesen (1998). „Biblische Redewendungen neu entdeckt“, unter diesem Titel stellten 2006 A. Geldner, M. Trauthig und C. Wetzel über 50 der bekanntesten Bibelsprüche mit informativen Erläuterungen vor.

4.2 Aus dem Alten, dem Jüdischen Testament

Die Bibel der Juden ist um ein Vielfaches umfangreicher als das Neue Testament der Christen. Aus den frühen Texten des Jüdischen

Testaments wurden bereits im 2. Kapitel Zeugnisse für Sprichwörter aus den frühen Hochkulturen zitiert. Hier folgen nun weitere Sprüche aus verschiedenen Büchern des Jüdischen Testaments. Sie zeigen, wie tief das Christentum in der jüdischen Tradition verwurzelt ist. Vieles aus dieser Tradition wurde im Lauf der Geschichte assimiliert, anderes auch abgestoßen. Lebendig geblieben sind vor allem die Spruchweisheiten.

> *Den Seinen gibt's der Herr im Schlaf.* (Ps 127)
>
> *Bei Gott ist kein Ding unmöglich.* (Gen 18, 14)
>
> *Im Schweiße deines Angesichts sollst du dein Brot essen.* (Gen 3, 19)
>
> *Vor seinen Augen Gnade finden.* (Ex 33, 12 ff.)
>
> *Das kommt alle Jubeljahre wieder.* (Lev 25, 8 ff.)
>
> *Seine milde Hand auftun.* (Dtn 15, 11)
>
> *Wie seinen Augapfel behüten.* (Dtn 32, 10)
>
> *Sein Herz ausschütten.* (1. Sam 1, 15)
>
> *In Sack und Asche gehen.* (Est 4, 1; auch Jes 58, 5 und a.a.O.)
>
> *So wahr Gott lebt!* (Hiob 27,2)
>
> *Ganz und gar von Gott verlassen.* (Ps 22, 2)
>
> *Tauben Ohren predigen.* (Jes 6, 10)
>
> *Der Stein des Anstoßes.* (Jes 8, 14)
>
> *Was du auch tust, bedenke das Ende.* (Sir 7, 40)
>
> *Wie ein Lamm, das zur Schlachtbank geführt wird.* (Jes 53, 7)
>
> *Wen der Herr liebt, den züchtigt er.* (Spr 3, 12).

Es sind indes keineswegs nur fromme Weisungen, die aus dem Jüdischen Testament den Weg in unseren Sprachschatz und in die Gedankenwelt nicht nur von Christenmenschen gefunden haben. Auch ganz profane Spruchweisheiten stammen aus dieser Quelle wie die folgenden: *Ein jegliches hat seine Zeit*; in unserer Sprache auch: *Alles zu seiner Zeit.* (Koh 3, 1) – *Sich die Augen ausweinen.* (Jer 2, 11) – *In alle Winde zerstreut sein.* (Ez 17, 21). – *Bis hierher und nicht weiter.* (Hiob 28, 11) – *Der Wein erfreut des Menschen Herz.* (Ps 104, 15) – *Augen haben und nicht sehen, Ohren haben und nicht hören.* (Ps 115, 6 f.) – *Wie ein Blinder im Dunkeln tappen.* (Dtn 28, 29) – *Durch die Finger sehen.* = nachsichtig sein (Lev 20, 4) – *Seine Worte auf die Goldwaage legen.* (Sir 21, 25) – *Das Werk lobt den Meister.* (Sir 9, 7) – *Des Büchermachens ist kein Ende.* (Koh 12, 12): Eine Spruchweisheit, die sich auch nach rund 2300 Jahren (so alt schätzt man das „Buch Kohelet") offensichtlich erneut bewahrheitet.

Nun gibt es auch Bibelsprüche, deren ursprünglicher Sinn nur mit einigem Bemühen hervorgeholt werden kann, weil sich ihre Bedeutung verschoben hat. Wer jemandem *die Leviten liest*, denkt kaum an die Lektüre des 3. Buches Moses, das die Bezeichung „Levitikus" (= Gesetz der Priester des „levitischen" Stammes der Juden) in der griechischen Septuaginta erhielt. Erst der Bischof Chrodegang von Metz (gest. 766) hat die Redewendung im heutigen Sinn „erfunden", da er seinem „zuchtlos" gewordenen Klerus gerne Passagen aus dem von Gesetzen überquellenden Buch Levitikus zur Mahnung vorzulesen pflegte. Wenn heute von *Krethi und Plethi* die Rede ist, denkt man an ein ziemlich gemischtes Publikum. Im Vers 8, 18 des 2. Buches Samuel, worauf der Ausdruck zurückgeht, ist von Keretern und Peletern die Rede, zwei Gruppen, die von neueren Exegeten als die Scharfrichter und die Eilboten des Königs David identifiziert wurden. Selbst die Redensart *Bei Adam und Eva anfangen* ist erklärungsbedürftig. Der Ausdruck meint gemeinhin „von allem Anfang an". Bei der Erschaffung des ersten Menschenpaares im Schöpfungsbericht der Genesis kommt allerdings der Name Eva gar nicht vor. Adam (= der Erdmensch) nennt sein ihm als „Menschin" zugeselltes Weib erst nach der Vertreibung aus dem Paradies „Eva", was der Text selbst als

„Mutter alles Lebenden" erklärt: „Adam nannte seine Frau Eva, denn sie wurde die Mutter aller Lebendigen" (Gen 3, 20). Eine rabbinische Legende kennt im Übrigen eine Lilith, die vor Eva als erste Frau an Adams Seite lebte. Goethe hat sie im „Faust" verewigt.

In anderen Fällen klingen die der Bibel der Juden entnommenen Worte vertraut, auch wenn sie nicht ins Deutsche übersetzt werden. Das gilt schon für den ersten Satz der Genesis, in dem vom *„Tohuwabohu"* die Rede ist. Luther übersetzte dieses hebräische Doppelwort (es bedeutet „Öde und Leere") ins Deutsche so: *Die Erde war wüst und leer.* In der modernen Einheitsübersetzung der Bibel lautet der Satz „Die Erde war wüst und wirr." Das biblische „Tohuwabohu" klingt eindringlicher und wird wohl von jedermann verstanden. Spricht man vom *Menetekel*, denkt man an eine düstere Prophezeiung, ohne die wörtliche Übersetzung von „mene mene tequel u-parsin = gezählt, gezählt, gewogen, geteilt" zu kennen. Schließlich haben auch alle Weisen des Königs Nebukadnezar den Text nicht entschlüsseln können, wie man im Buch Daniel 5, 8 lesen kann. Erst Daniel selbst erklärte die Worte (Dan 5, 25 ff.): „Diese Worte bedeuten: Mene = Gezählt hat Gott die Tage deiner Herrschaft und macht ihr ein Ende. Tekel = Gewogen wurdest du auf der Waage und zu leicht befunden. Parsin = Geteilt wird dein Reich und den Medern und Persern gegeben."

4.3 Bedeutungswandel von Bibelsprüchen

In folgendem Fall ist der Bezug zur ursprünglichen Bedeutung der biblischen Redewendung aus dem Blick geraten, wenn wir – biblisch gesprochen – *Jemandem einen Denkzettel verpassen.* Die Formel geht zurück auf eine Passage im 5. Buch Mose (dem Deuteronomium, zu Deutsch dem 2. Gesetz), wo es zu Beginn einer langen Reihe von Gesetzesvorschriften heißt: „Diese Worte sollt ihr in euer Herz und auf eure Seele schreiben ... Ihr sollt sie als Zeichen um das Handgelenk binden. Sie sollen zum Schmuck auf eurer Stirn werden." Fromme Juden befestigen diesem Gebot zufolge beim Gebet kleine Kapseln mit auf

Zetteln geschriebenen Bibelsprüchen auf der Stirn und am linken Arm. Martin Luther hat die Stelle so übersetzt: „So fasset nun diese Worte zu Herzen und in eure Seele und bindet sie zum Zeichen auf eure Hand, *dass sie ein Denkzettel vor euren Augen seien.*" (Dtn 11, 18) Mit dem Wort „Denkzettel" war nun ein Bezug zu einem Begriff der damaligen Rechtspraxis hergestellt, mit dem man die Vorladung zu einem Gerichtstermin bezeichnete. So ist aus der positiv gemeinten Aufforderung von Moses eine Warnung oder gar Strafandrohung geworden.

Bei der biblischen Redewendung *Perlen vor die Säue werfen* (aus Matthäus 7, 6) zeigt der heutige Sprachgebrauch, wie aus einer ursprünglich höchst radikalen Warnung eine Art freundliche Empfehlung zur Zurückhaltung geworden ist. In den Worten von Jesus steckt der äußerste Gegensatz zwischen dem Kostbarsten jener Zeit (zu dem eben Perlen zählten) und dem Niedrigsten, den Schweinen, die als Inbegriff des Unreinen galten. Man beachte u.a., dass den orthodoxen Juden noch heute das Gesetz verbietet, Schweinefleisch zu essen. In einem anderen Fall ging die Erinnerung an den biblischen Ursprung der Spruchweisheit weitgehend verloren. Gemeint ist die „Goldene Regel" aus der Bergpredigt (Matthäus 7, 12): *Alles, was ihr von anderen erwartet, das tut auch ihnen!* Diese positive Aufforderung ist in unserer umgangssprachlichen Version zur Warnung geworden und lautet jetzt: *Was du nicht willst, dass man dir tut, das füg' auch keinem andern zu!* Völlig in Vergessenheit ist offenbar geraten, dass im Buch Tobit (Tob 5, 15) schon um 200 v. Chr. zur Richtschnur erklärt wurde *Was dir selbst verhasst ist, das mute auch einem anderen nicht zu!* Die „Goldene Regel hat schließlich Immanuel Kant in seiner „Kritik der praktischen Vernunft" 1788 als „Kategorischen Imperativ" nochmals umgestaltet und als universales Gesetz verkündet.

3.4 Das Evangelium als Sprichwortquelle

Mit den beiden zuletzt erörterten Bibelsprüchen sind wir unversehens ins Neue Testament zu Spruchweisheiten des christlichen Evangeliums gelangt. Sie sind besonders zahlreich und sind im religiösen wie im profanen Bereich anzutreffen. Man solle z.B. *sein Licht nicht unter den Scheffel stellen.* So heißt es sinngemäß bei allen drei Synoptikern Matthäus (Mt 5, 15), Markus (Mk 4, 21) und Lukas (Lk 8, 16 und 11, 13). Sie alle sprechen allerdings nicht vom Scheffel, sondern vom Gefäß, das man nicht über das Licht stülpen soll. Den Scheffel hat Luther mit seiner Übersetzung „eingeführt", wohl wissend dass mit diesem Gefäß aus der bäuerlichen Lebenswelt jedermann vertraut war. Heute werden nur wenige noch einen Scheffel aus eigener Anschauung kennen und wissen, wie viel Liter (Getreide usw.) darin Platz haben. Wenn jemand (sprichwörtlich) *Geld scheffelt*, nimmt er jedenfalls pro Scheffel mehr als 50 Liter Hartgeld ein.

An diesem Beispiel wie an vielen anderen fällt auf, dass offenbar die meisten Bibelworte in der Form im Umlauf geblieben sind, die Luther vor bald 500 Jahren in seiner Übersetzung des Evangeliums geschaffen hat. Das lässt darauf schließen, dass vor allem die protestantische Bevölkerung durch ihren intensiven Umgang mit der Bibel entscheidend dazu beigetragen hat, dass dieses christliche Erbgut zu einem festen Bestand im deutschen Sprachschatz geworden ist. Besonders treu hat man an denjenigen Bibelsprüchen im Wortlaut festgehalten, die als „Worte des Herrn" von den Evangelisten überliefert wurden. Das gilt in erster Linie von Passagen aus der Bergpredigt, die im Matthäusevangelium großen Raum einnimmt. Daraus sind bis heute Sätze wie diese geläufig:

> *Selig sind die Armen im Geiste.* (Mt 5, 3)
>
> *Eure Rede sei Ja, ja, nein, nein; was darüber ist, das ist vom Übel.* (Mt 5, 37)
>
> *Wenn du Almosen gibst, lass die linke Hand nicht wissen, was die rechte tut.* (Mt 6, 3)
>
> *Sammelt euch Schätze im Himmel, da sie weder Motten noch Rost fressen.* (Mt 6, 20)

Wo euer Schatz ist, da ist auch euer Herz. (Mt 6, 21)

Niemand kann zwei Herren dienen, Gott und dem Mammon zugleich! (Mt 6, 24)

An ihren Früchten sollt ihr sie (die falschen Propheten*) erkennen."* (Mt 7, 16)

Auch von solchen Herrenworten, die explizit an die Pharisäer gerichtet waren, sind manche zu Geflügelten Worten geworden wie die folgenden: *Wes das Herz voll ist, des geht der Mund über.* (Mt 12, 34) – Die moderne Übersetzung *Wes das Herz voll ist, davon spricht der Mund* mag korrekter sein, aber sie wird die sprichwörtlich gewordene Fassung Luthers nicht verdrängen. Ebenfalls den Pharisäern gegenüber fiel das oft zitierte Jesuswort *Der Prophet gilt nichts in seinem Vaterlande.* (Mt 13, 57 sowie Mk 6, 4 und Lk 4, 24). Im engeren Kreis seiner Jünger äußerte der Meister z.B. die folgenden Sätze, die zu stehenden Wendungen geworden sind: *Es ist leichter, dass ein Kamel durch ein Nadelöhr geht, denn dass ein Reicher ins Reich Gottes kommt.* (Mt 19, 24) und *Der Geist ist willig, aber das Fleisch ist schwach.* (Mk 14, 38).

Neben solchen Bibelworten mit erkennbar religiösem Bezug sind aus dem Neuen Testament auch viele „profane" Redensarten in den allgemeinen Sprachschatz gelangt wie die folgenden: *Ein jeder Arbeiter ist seines Lohnes wert. – Man soll kein Öl in die Wunden gießen. – Tag für Tag herrlich und in Freuden leben. – Von Pontius zu Pilatus laufen. – Nun hat die liebe Seele Ruh.* Das sind lauter Sätze aus dem Lukasevangelium. Bei Matthäus kann man lesen: *Jeder Tag hat seine Plage. – Man soll das eine tun und das andere nicht lassen. – Gebt dem Kaiser, was des Kaisers ist, und Gott, was Gottes ist. – Glauben macht selig.* (Meist wird der Satz ganz profan in der Form zitiert *Wer's glaubt, wird selig.*). Aus der Apostelgeschichte stammen die Wendungen *Ein Herz und eine Seele* und *Es fällt wie Schuppen von den Augen.* Besonders bekannt sind manche Spruchweisheiten aus den Briefen des Apostels Paulus, so z.B.: *Ehre, wem Ehre gebührt. – Der Glaube kann Berge versetzen. – Prüfet alles und behaltet das Beste. – Wer nicht arbeiten will, der soll auch nicht essen. – Dem Reinen ist alles rein.*

4.5 Alte und neue Sinnzusammenhänge

Ganz hohes Ansehen gewann das Jesuswort aus dem Johannesevangelium (Joh 8, 32) *Die Wahrheit wird euch frei machen.* Wie fast immer, wenn ein Satz isoliert und aus dem Zusammenhang herausgelöst zitiert wird (und das geschieht bei Sprichwörtern in aller Regel so), ist sein ursprünglicher Sinn erst zu verstehen, wenn man sich klar wird, für wen er ausgesprochen wurde. Das waren in diesem Fall gläubige Juden, mit denen sich Jesus in einem Streitgespräch auseinandersetzte. Was der Autor des Johannesevangeliums daraus berichtet, ist kein Redeprotokoll, sondern eine nachösterliche Deutung der Botschaft des Mannes, der seinen „Jüngern" zum Messias wurde. Der vollständige Satz von der befreienden Wirkung der Wahrheit lautet: „Wenn ihr in meinem Wort (griechisch: in meinem Logos, d.h. Wort, Geist, Sinnzusammenhang) bleibt, seid ihr wirklich meine Jünger. Dann werdet ihr die Wahrheit erkennen, und die Wahrheit wird euch frei machen." Der Satz drückt das Selbstverständnis von Jesus als Erlöser bzw. Befreier aus, der an anderer Stelle (Joh 14, 16) von sich sagte „Ich bin der Weg, die Wahrheit und das Leben." Das heißt, er verstand sich nicht nur als Lehrer der Wahrheit, sondern als deren Verkörperung. Wahrheit war auf das Leben bzw. im Leben anzuwenden. Offenbar ist im Lauf der geschichtlichen Entwicklung des Christentums der biblische Wahrheitsbegriff oft verkürzt worden auf den Appell zur Wahrhaftigkeit; aber oft verstand man unter Wahrheit auch ganz positivistisch nur noch richtige Aussagen. Im Zuge der Aufklärung wurde der Satz, dass die Wahrheit frei mache, von seiner Heilsfunktion abgelöst und gleichsam säkularisiert. Als Wahrheit galt nur noch, was rational erklärt und wissenschaftlich bewiesen werden konnte. Im 19. Jahrhundert wurde der Wahrheitssatz schließlich direkt gegen die christliche Heilslehre gewendet, von deren Dogmen die „wissenschaftlich gesicherte Wahrheit" zu befreien habe. Die Wahrheitsverpflichtung wurde zum Fundament von vorurteilsfreier Forschung und akademischer Freiheit. In diesem Sinn hat wohl der Senat der Freiburger Universität den Satz gemeint, als er 1911 die Fassade des neu erbauten Kollegiengebäudes mit dem Motto schmücken ließ: *Die Wahrheit wird euch frei machen.* Erst in jüngster Zeit öffnete sich die Diskussion über den Satz von der befreienden Wahrheit wieder ihrem ganzheitlichen Sinn, dass nämlich gelebte Wahrheit bzw. ein am wahren Sinn orientiertes Leben befreit von Angst und Schuld, vom permanenten Zwang zur Selbstbestätigung und von der Abhängigkeit von den modernen Götzen des Konsums und der kaum kontrollierbaren Allmacht der Medien.

Das Beispiel zeigt, wie sich der ursprüngliche Sinnzusammenhang einer biblischen Aussage ins Profane verändern konnte, und das geschah nicht selten. Dabei ging der religiöse Kern nicht gänzlich verloren. Gerade im volkstümlichen Sprachschatz hat er sich oft über die Jahrhunderte bis in die jüngste Vergangenheit erhalten. Bibelsprüche sind vor allem durch die Geistlichkeit in Predigt und religiöser Unterweisung vermittelt und eingeprägt worden. Die formelhaften und stets gleich bleibenden Wendungen bekamen dabei meist einen volkspädagogisch moralisierenden Akzent. Dem „einfachen Volk" (zumal solange seine Mehrheit nicht lesen und schreiben konnte) dienten die Bibelsprüche als Lebenshilfe. Für die Alltagsmoral waren sie wahrscheinlich wichtiger als die „Zehn Gebote". Ergänzt wurden die Bibelzitate mit Sätzen aus Schriften der Kirchenlehrer, die z.T. wie ein zweites Evangelium anerkannt wurden. Wie die im vorausgehenden Kapitel angeführten Kirchenväter-Zitate belegen, fanden die lebenspraktischen Sentenzen besonderen Anklang. Das gilt auch für die folgenden Beispiele: Von Chrysostomus konnte man lernen *Ein Asyl für jeden Kummer ist das Gebet.* An Augustinus liebte man seine Bekenntnisse *Unruhig ist mein*

Herz, bis es ruht in dir sowie *Was ich verstehe, das glaube ich auch, aber nicht alles, was ich glaube, kann ich verstehen.* Bei Ambrosius fand man z.B. das Prinzip *Gerechtigkeit gibt jedem das Seine.* Hieronymus bekräftigte, was vor ihm schon Cicero und Seneca d.Ä. gesagt hatten: *Irren ist menschlich.*

4.6 Deftige und weise Sprüche von Martin Luther

Das entscheidende Verdienst an der Verbreitung und Verankerung der Bibelsprüche im Wortschatz des Volkes gehört Martin Luther mit seiner deutschen Bibelübersetzung. Doch hat er nicht nur auf diese Weise unseren Sprachschatz mit Geflügelten Worten angereichert. Er liebte auch „profane" Sprichwörter ungemein und pflegte seine Predigten und Schriften reichlich mit ihnen zu würzen. Er legte sich dazu eine eigene Sammlung von Sprichwörtern an, die 489 Nummern umfasste. Er hat sie meist nicht Büchern entnommen, sondern indem er (seiner eigenen Grundregel folgend) *den Leuten aufs Maul schaute.* Man lernt das religiöse Genie in seiner Sprichwortsammlung auch von einer Seite kennen, die weniger mit Religion zu tun hat. So notierte er z.B. *Der wolt' gerne scheißen, wenn er Dreck im Bauche hätt'.* (In einer anderen Version: *Es ist nichts, wenn einer aus einem armen Arsch einen reichen Dreck scheißen will.*) Neben solchen Derbheiten findet man indes bei ihm manche Wendungen, die uns gang und gäbe sind wie die folgenden: *An der Nase herumführen. – Wie der Ochs am Berge stehen. – Kein Blatt vors Maul nehmen. – Was nicht dein ist, das lass liegen!*

Luthers Schriften gewannen ihre Breitenwirkung nicht zuletzt aus der griffigen, einprägsamen Formulierung, die viele seiner geistlichen Weisungen zu „Merksätzen" werden ließ. Hierzu folgende Beispiele: *Der Glaube ist ein lebendig unruhig Ding. Er kann nicht im Menschen sein, ohne zu wirken. – Die Welt ist ein Stall voll böser Buben, so muss man Gesetze und Obrigkeit haben. – Wenn der Vater seinen Sohn züchtigt, wird der Junge garstig. – Nichts wird langsamer vergessen als eine*

Beleidigung und nichts eher als eine Wohltat. – Der ersparte Pfennig ist redlicher als der erworbene. Ungewiss ist, ob er den folgenden Spruch „erfunden“ oder von andern übernommen hat: *Der Priester muss lehren, die Obrigkeit wehren, der Bauernstand nähren.* Die eine sprichwörtliche Redensart, die man gerne auf Luther zurückführte, stammt allerdings nachweislich nicht von ihm: *Wer nicht liebt Wein, Weiber und Gesang, der bleibt ein Narr sein Leben lang.* Hingegen ist sein Lob der Musik authentisch: *Der schönsten und herrlichsten Gaben Gottes eine ist die Musica.* Und *Wer sich die Musik erkiest, der hat ein himmlisch Werk gewonnen.* So stammt denn auch eine Reihe tief empfundener Kirchenlieder von ihm, die dauerhaft zum geistlichen Liedgut der Christen gehören, so etwa *Vom Himmel hoch, da komm ich her* wie auch sein Trutzlied *Eine feste Burg ist Gott* mit den Versen *Und wenn die Welt voll Teufel wär'* oder *Mit unsrer Macht ist nichts getan.*

4.7 Liedverse geistlicher Autoren

Nicht wenige geistliche Liedverse sind zur Ehre Geflügelter Worte gelangt. Man denke an die erste Strophe aus Paul Gerhardts Trostlied *Befiehl du deine Wege und, was dein Herze kränkt* ... oder aus seinem Neujahrslied die Verse *Wir geh'n dahin und wandern / von einem Jahr zum andern. / Wir leben und gedeihen / vom alten zu dem neuen* sowie an so wohlklingende Lieder wie sein *Nun ruhen alle Wälder* oder *Geh aus mein Herz und suche Freud.* Nicht weniger geläufig sind die Verse aus dem Abendlied von Matthias Claudius *Der Mond ist aufgegangen, die güldnen Sternlein prangen am Himmel hell und klar* ... Ebenso sein „Motet“ *Der Mensch lebt und bestehet nur eine kleine Zeit. / Und alle Welt vergehet mit ihrer Herrlichkeit.* Auch die „Betrachtung der Zeit“ von Andreas Gryphius ist vielen vertraut: *Mein sind die Jahre nicht, die mir die Zeit genommen* ... Von Georg Neumark kennt wohl jeder Christ hierzulande das Lied *Wer nur den lieben Gott lässt walten* mit den Versen *Sing, bet und geh auf Gottes Wegen, verricht das Deine nur getreu.* Aus dem „Cherubinischen Wandersmann“ von Angelus

Silesius wird oft zitiert *Halt an, wo läufst du hin, der Himmel ist in dir: / Suchst du Gott anderswo, du fehlst ihn für und für.* Und *Mensch, werde wesentlich; denn wann die Welt vergeht, / so fällt der Zufall weg, das Wesen das besteht.* Liedverse wie die folgenden deuten an, wie die Menschen in vormoderner Zeit eingespannt lebten zwischen Todesangst und Todesbereitschaft: *Es ist ein Schnitter, der heißt Tod* (Verfasser unbekannt) oder *Mitten wir im Leben sind mit dem Tod umfangen* (den Text hat Martin Luther nach einer Vorlage aus dem 11. Jh. verfasst). Schließlich sei an den erschütternden Anfang eines Kirchenliedes von Johann Rist erinnert: *O Ewigkeit, du Donnerwort!* Der Vers ist in großen Lettern in der Leipziger Thomaskirche an der Wand vor dem Grabmal von Johann Sebastian Bach zu lesen, der diesem Motto eine seiner Kantaten gewidmet hat. Er hat sie zum ersten Sonntag nach Dreifaltigkeit komponiert. Sie beginnt und endet mit dem titelgebenden Choral „O Ewigkeit, du Donnerwort!" Hierzu passt, dass auch der am ehesten Bach kongeniale Kirchenkomponist unserer Zeit, Olivier Messiaen, seine bedeutendste Komposition dem Thema Ewigkeit gewidmet hat, geschrieben 1941 im Kriegsgefangenenlager bei Görlitz.

Geistliche Lieder gehörten ganz und gar zum Volksliedgut der Vorfahren. Sie waren ihnen zweifellos nicht weniger vertraut, als dies heutzutage viele Schlager sind. So konnten einzelne Verse daraus durchaus sprichwörtlichen Charakter bekommen. Gleiches gilt für manche Gebetsformeln wie z.B. den Kindervers *Mit Gott fang an, mit Gott hör auf; das ist der schönste Lebenslauf.* Auch manche „Stoßgebete" darf man zu den Geflügelten Worten der einstigen Volksfrömmigkeit rechnen, beispielsweise *Der Herr hat's gegeben. Der Herr hat's genommen. Sein Name sei gepriesen.*

4.8 Zwei Theologen als eifrige Sprichwortsammler

Eine unermessliche Fülle von Sprichwörtern hat der lutherische Theologe und Prediger Sebastian Franck (1499-1543) gesammelt und herausgegeben, teils „von Griechen, Lateinern und Hebräern“, teils „Niederländische, Holländische, Brabantische und Westfälische Sprichwörter“. Die allermeisten handeln von alltäglichen Dingen, häufig mit lehrhafter Tendenz wie diese Beispiele: *Der Teufel scheißt nur auf den großen Haufen. – Wes Brot ich ess', des Lied ich sing'. – Neue Besen kehren gut* und *Unkraut verdirbt nicht, es käme denn ein Platzregen drauf.* Man begegnet in seiner Sammlung natürlich auch etlichen geistlichen Merksätzen wie den folgenden: *Wo der Teufel nicht hin mag, da schickt er seine Boten. – Glauben ist besser denn Bargeld. – Der alte Gott lebt noch! – Kein' Übeltat bleibt ungestraft. – Der das Leben verachtet, fürchtet den Tod nicht.*

Als katholischer Theologe verdient der von vielen seiner Zeitgenossen verehrte Johann Michael Sailer (1751-1832) mit seiner Sammlung „Die Weisheit auf der Gasse oder Sinn und Geist deutscher Sprichwörter“ (Reprint 1996) erwähnt zu werden. An Sprichwörtern schätzte Sailer „die helle Anschauung der Wahrheit“ und „die Stimmung des Gemütes“. „Die Wahrheit und Klarheit der Sprichwörter übersteigt den Glauben“, so urteilte dieser Vertreter der katholischen Spätaufklärung. Er zitierte übrigens auch zahlreiche Redewendungen protestantischer Autoren, u.a. von Martin Luther und Sebastian Franck, und zwar ausdrücklich solche, die beide Konfessionen mit gleichem Interesse lesen werden. Seine Sammlung ist streng systematisch aufgebaut und enthält u.a. ein Kapitel mit Sprichwörtern zur „Religionskunde“. Daraus seien folgende Beispiele zitiert:

> *Ehe du Gott suchest, muss dich Gott schon gefunden haben. – Mit Gott fang an! – Gott ist der Armen Vormund. – Gottes Zeiger gehen langsam, aber richtig. – Wer Gott vertraut, hat wohl gebaut. – Frommer Mann – hilft wo er kann. – Not lehrt beten. – Ein gut Gewissen ist besser als hundert Zeugen. – Wenn einer in großer Gefahr ist, soll man ihn zuerst retten und hernach fragen, wie er hineingeraten ist. – Unter dem Krummstab ist gut*

wohnen. – Zu viel Recht ist Unrecht. – Tu Gutes und schweig dazu; andere mögen's sagen. – Es sind nicht alles Heilige, die zur Kirche gehen.

4.9 Religiöse Spuren im Alltagsdeutsch

Genug der mehr oder minder „geflügelten" Worte aus christlicher Überlieferung. Man sollte freilich auch bedenken, dass nicht bei jedem Ausdruck, in dem noch etwas Religiöses mitschwingt, auch fromme Gedanken im Spiel sind. Wohin hat sich das Christliche verflüchtigt bei solchen Wendungen wie *Um Himmels willen! – Gott bewahre! – Noch mal gut gegangen, Gott sei Dank! – Der Teufel steckt im Detail. – Auf Teufel komm raus! – In Gottes Namen!* Zu fragen ist auch, woran die Leute denken, wenn sie *Grüß Gott* sagen oder wenn sie etwas *gratis* bekommen (es also einer gratia, einer Gnade verdanken). Ganz zu schweigen von den Flüchen, den „gottverdammten": *Herrgott noch mal!* oder nur ganz harmlos *Heiligs Blechle!* Manche Bibelbezüge leben wohl nur noch in der Form von Parodien weiter wie der Kindervers *Jesus sprach zu seinen Jüngern, wer keinen Löffel hat, isst mit den Fingern.*

Vielleicht wird man Bibelworte und fromme Wendungen demnächst nur noch als historische Belege einer entschwundenen „Frömmigkeit des Volkes" zitiert finden. Es mag offen bleiben, ob damit nicht ein Stück humaner Lebensgrundlage der Gesellschaft abhanden kam. Doch ist wohl schwerlich zu bestreiten, dass die Bewusstseinsgeschichte nicht nur der Deutschen kaum zu verstehen ist, wenn man Herkunft und Sinn dieser Traditionsspur vergisst. Ein Weiteres ist zu bedenken. Vermutlich hat die Verankerung von Bibelworten und geistlichen Sinnsprüchen den Zusammenhalt der Gesellschaft erheblich gestützt und der stets drohenden Inhumanität ein Stück weit Einhalt geboten. So war zwar die Würde des Kindes bis ins 18. Jahrhundert keineswegs als solche anerkannt. Doch hat z.B. das Jesuswort *Lasset die Kleinen zu mir kommen, denn ihnen gehört das Himmelreich!* (Lk 18, 16) den Kindern einen hohen Rang verliehen. Die Warnung Jesu, es sei besser, einen mit einem Mühlstein am Hals ins Meer zu versenken, als zuzulassen, dass er einem Kind etwas Böses antue (Lk 17, 2), hielt womöglich mehr Menschen von Kindesmissbrauch ab, als das alle Kinderschutzgesetze des modernen Staates vermögen.

5. Aus vormoderner Lebenswelt: Herkömmliche Wendungen der Alltagssprache

Die in diesem Kapitel zusammengefügten sprichwörtlichen Redensarten stammen aus einer anderen Zeit, einer anderen Gesellschaft und einer anderen Kultur als derjenigen, in denen wir heute leben. Es ist jene Epoche von langer Dauer, die unserer Moderne voranging: die Zeit vom Mittelalter bis zur neuzeitlichen Wende der Industrialisierung und Demokratisierung Europas. Die Gesellschaft dieser vormodernen Lebenswelt war ständisch gestuft und kulturell von Tradition und Religion geprägt. In der Sprache wird das geistige Erbe dieser Vergangenheit gleichsam in komprimierter Form archiviert. Das geschieht insbesondere in stehenden Redewendungen. Deshalb bilden sie auch eine Quelle historischer Wahrnehmung. Man kann aus ihnen bestimmte Lebensverhältnisse der früheren Zeit rekonstruieren und in Erinnerung rufen. Das soll in diesem Kapitel versucht werden. Die hierzu ausgewählten Beispiele gehen oft weit zurück. Samuel Singer hat drei ganze Bände mit Sprichwörtern aus dem Mittelalter gesammelt (1944-1947). All die Redensarten aus vormoderner Zeit haben in der Sprache Lebensformen tradiert, die durch die Ausbildung der bürgerlich und industriell geprägten Gesellschaft Schritt für Schritt verdrängt oder transformiert worden sind. Bei den Spruchweisheiten dieses Kapitels handelt es sich natürlich nicht um solche, die auf einen bestimmten Autor zurückzuführen sind. Die Frage nach ihrer Herkunft führt uns daher stattdessen auf die Spur zum sozialen Umfeld, in dem die Redensarten „beheimatet" waren und aus dem sie zum Großteil auch stammen.

5.1 Aus bäuerlichen Traditionen

Während heute weniger als fünf Prozent der Erwerbstätigen von Industriegesellschaften in der Landwirtschaft tätig sind und die überwältigende Mehrheit von Gewerbe, Industrie und Dienstleistung (Bildungswesen und Verwaltung inbegriffen) lebt, war das Verhältnis in vorindustrieller Zeit umgekehrt. Noch zu Beginn des 19. Jahrhunderts hatte das Bürgertum in Deutschland, wie man schätzt, einen Anteil von höchstens fünf Prozent der Gesamtgesellschaft. Denn auch in den Städten betrieb damals noch ein Großteil der Bewohner zumindest eine Nebenlandwirtschaft. Gleiches gilt für das ländliche Gewerbe. Man konnte als Regel behaupten: *Wer kein Edelmann ist, gilt als Bauer.* Luthers Landesherr, der sächsische Kurfürst Friedrich der Weise, urteilte ganz klug: *Bauernleben ist das seligste Leben, denn diesem wächst alles, die anderen Stände müssen es kaufen.* Es gibt den *Bauernstolz* und die *Bauernschläue*, auch den *Bauernflegel*: Solche Bezeichnungen konnten auch von Städtern kommen. Respekt vor der bäuerlichen Lebensqualität drückt die Formel aus: *Selbst gesponnen, selbst gemacht, das ist die echte Bauerntracht. Was der Bauer nicht kennt, das (fr)isst er nicht*: So kann man die konservative Grundhaltung der bäuerlichen Gesellschaft kennzeichnen. *Als Adam grub und Eva spann, wo war denn da der Edelmann?* Das Selbstbewusstsein, das dieser Spruch ausdrückt, bildete nicht nur im Großen Bauernkrieg von 1524/25 das „Feldgeschrei" der Widerstandskämpfer gegen die zunehmende Entrechtung der Bauern durch ihre Herren. Der Spruch diente auch sonst als Kampfbegriff für sozialen Protest. Der Ausdruck *Man soll die Kirche im Dorf lassen* kommt wahrscheinlich daher, dass bei der Erweiterung oder Verlagerung einer Siedlung die Kirche an ihrem angestammten Platz blieb. Im Unterschied zur Stadt besaß das Dorf keine Ummauerung, sondern bestenfalls einen Zaun, der den „Dorfetter" abgrenzte und vor Wild schützte. Um den Hof gab es meist einen „Hag", und so galt: Man darf einem Bauern *nicht ins Gehege kommen*, wenn er nicht *Tür und Tor öffnet*, also Haustür und Hoftor aufmacht.

An die bäuerliche Arbeitswelt erinnern u.a. die folgenden Redewendungen: *Wie man sät, so wird man ernten. – Gut gedüngt ist halb gewachsen.* Nach einer mundartlichen Redensart sagt man im Süddeutschen von einem *Furzklemmer* (einem extrem Sparsamen): *Der meint, er könne mit einem Furz den ganzen Acker düngen.* Auch heute hört man auf dem Land noch zuweilen: *Das geht nicht hü und nicht hott*: Zugpferde verstanden, dass „hü“ = nach rechts, „hott“ = nach links bedeutet. Deshalb konnte man *die Zügel locker* (aber nicht schleifen!) *lassen.* Bekannt ist der Ausdruck *Wie der Ochs am Berg stehen* (= Nicht wissen, wie man vorankommen soll). Übrigens weiß der Bauer: *Ochsen gehen langsam, aber ziehen gut.* Es ist deshalb nicht schwer, sie *aufs rechte Gleis* (d.h. in die Fahrspur) *zu bringen.* Konkret wie im übertragenen Sinn gilt das Sprichwort *Auch mit Gewalt ist kein Bulle zu melken.* Ohne an die Herkunft der Wendungen zu denken, gebrauchen wir Ausdrücke wie *Der hat Geld wie Heu. – Eine Scharte auswetzen* (gemeint ist: am Sensenblatt). – *Einen guten Schnitt machen* (beim Gras- oder Getreidemähen). – *Das fünfte Rad am Wagen sein* (eine Wendung aus „Freidanks Bescheidenheit“, einer Spruchsammlung aus der Zeit um 1230; nach Luthers Erklärung bedeutet der Spruch so viel wie überzählig). Frauenarbeit war es, die Fasern von Flachs oder Hanf zu spinnen, und zwar am Feierabend, denn: *Spinnen am Morgen bringt Kummer und Sorgen; Spinnen am Abend – erquickend und labend.* Vor dem Spinnen musste man die Bündel *durchhecheln.* Von einer schweren Handarbeit nach der Ernte, dem Dreschen, handeln viele Wendungen, z.B.: *Leeres Stroh dreschen* und *Das klingt ziemlich abgedroschen. – Mit dem Dreschflegel dreinhauen* oder auch *Essen wie ein Scheunendrescher.* Seitdem es Dreschmaschinen und Mähdrescher gibt, ging der konkrete Bezug solcher Wendungen völlig verloren. Vom *Strohfeuer* spricht man, weil Stroh besonders rasch verbrennt. Vom *Strohwitwer* ist die Rede, weil der allein auf dem Strohsack des Ehebettes lag. Das Korn hatten die Bauern in der Regel zur Fron- oder Herrenmühle zu bringen. Dort galt der Grundsatz *Wer zuerst kommt, mahlt zuerst.* Er ist schon im Sachsenspiegel des Eike von Repgow (um 1230) belegt und wurde zum allgemein anwendbaren Rechtsprinzip. Vom Holzfällen, der Hauptarbeit der Bauern im Winter, handeln Sprichwörter wie *In die gleiche Kerbe hauen* (wenn zwei im Wechsel ihre Äxte schwingen); wer Baumäste ohne Säge zerkleinert, kann sie *übers Knie brechen.* Natürlich *spart die Axt im Haus den Zimmermann*, weil der Bauer in jeder Hinsicht bestrebt war, sich selbst zu versorgen.

Der kundige Umgang mit den Tieren und mit der Natur überhaupt war überlebenswichtig in der bäuerlichen Gesellschaft. Viele Sprüche aus diesem Bereich werden heute nur noch im übertragenen Sinn gebraucht, während sie ursprünglich ganz konkret gemeint waren. *Man kauft keine Katze im Sack* (also unbesehen) und *man lässt die Katze nicht aus dem Sack* (wenn man sie darin ersäufen will). Die Wendung *Die Tür zumachen, wenn die Kuh aus dem Stall ist* passt allgemein, wenn jemand ein Übel verhindern will, das bereits passiert ist. Auch dieser Spruch wird nur noch verallgemeinernd gebraucht: *Wenn es dem Esel zu wohl ist, geht er aufs Eis.* Gleiches gilt für *Seine Schäflein ins Trockene bringen*; das war für die Herde nötig, denn Schafe vertragen sumpfiges Gelände nicht. Andere Sprüche braucht man kaum zu erklären, obwohl sie niemand mehr wörtlich meint: *Auch ein blindes Huhn findet mal ein Korn. – Da kräht kein Hahn mehr danach. – Du schaust aus wie ein Huhn, das verlegt hat. – Den sticht der Hafer.* (Realiter passiert das natürlich nur dem Pferd!) – *Der trägt Scheuklappen* (wie man sie einem ängstlichen Pferd anlegte). – *Da ist der Wurm drin* (gemeint ist, im Apfel). – *Der Apfel fällt nicht weit vom Stamm.* Es gibt auch den sprichwörtlichen Zusatz: *Außer er rollt ein Bergle hinab.*

Schließlich gibt es auch aus der bäuerlichen Lebenswelt Redewendungen, die leicht falsch zugeordnet werden. Wenn wir sagen *da liegt der Hase im Pfeffer*, denkt man wohl kaum an den im deutschen Südwesten gern verzehrten „Hasenpfeffer“. *Dir will ich den Brotkorb höher hängen* galt im Bauernhaus vermutlich für den Schutz dieses

Grundnahrungsmittels gegen Mäuse. Als ein Grundnahrungsmittel erkennt man das Brot noch in der Redewendung *Sein Brot verdienen.* Zu den Grundnahrungsmitteln gehörte übrigens auch der Brei, von dem manche Sprichwörter handeln wie *Um den heißen Brei herumreden.* Oder: *Iss den Brei und halt den Mund!* Bei der Redensart *Unter aller Sau* geht es überhaupt nicht um dieses nahrhafte Haustier, denn in dem Wort steckt das Jiddische „Seo", das „Maßstab" bedeutet. Die alte Redensart *Michael mahnt, Martin zahlt* erinnert an alte Abgabentermine (am 29.9. ist Michaelstag und 11.11. Martinstag).

5.2 Redensarten aus der Ritterzeit

Während die bäuerliche Lebenswelt zumindest am Rande noch vorkommt (in der eigenen Gesellschaft und vor allem in der „Dritten Welt"), ist das Rittertum faktisch nur noch in der Vorstellung von vergangenen Zeiten wahrzunehmen. Adel und Rittertum leben vor allem in solchen Sprichwörtern fort, die vom Turnier oder von der Jagd handeln. Beides waren Bereiche, in denen sich Ritter besonders hervortaten und ohne die ein rechter Ritter wohl nicht leben konnte. Beide Bereiche zogen aber auch die Aufmerksamkeit der Allgemeinheit auf sich und konnten deshalb leicht sprachliches Allgemeingut werden. Das Turnier ist in der Sprache zum Wettbewerb schlechthin geworden (vom Turnier spricht man beim Schach wie beim Fußball oder Handball usw.). Das ritterliche Turnier war aus gleichsam vormilitärischen Übungen hervorgegangen und wurde sowohl in der Form des Gruppen„spiels" wie auch des Zweikampfs ausgetragen. Der Ritter nahm *die Zügel fest in die Hand,* und *gab seinem Reitpferd die Sporen.* Vom Turnier berichten implizit Wendungen wie *Eine Lanze brechen. – Den Spieß umdrehen. – Hieb- und stichfest sein. – Sein Visier herunterlassen. – Etwas im Schilde führen. – Sattelfest sein.* Aus dem Turnierbereich stammt auch *Einem die Stange halten*; das hatte nämlich der Knappe dem kämpfenden oder „gefallenen" Ritter zu leisten. Ebenso hatte er ihm *den Steigbügel zu halten,* wenn er *vom hohen Ross* kämpfen wollte. Wo jemand etwas *aus dem Stegreif tut*, handelt er wie der Ritter oder Bote, der ohne vom Pferd zu steigen loslegte. Mancher „gefallene Ritter“ musste sich indes *aus dem Staub machen.* Unfair war es, seinen Helmbusch *mit fremden Federn zu schmücken.* Von der Mode vornehmer Leute, lange Schnabelschuhe zu tragen, kommt die Redensart *auf großem Fuße leben.* Den „Fuß“ benutzte man auch als Längenmaß (ca. 30 cm). Dass man faires Verhalten allgemein als „ritterlich“ bezeichnet, versteht sich vom Ideal, weniger von der Wirklichkeit her, denn bei Turnieren floss nicht selten das Blut. Dass sich ein Mann besonders Damen gegenüber als „ritterlich“ zu erweisen hat, bestätigt die sprachbildende Kraft der Ideale, denn es gab auch „arme Ritter“ (die in der Bezeichnung für eine „Arme-Leute-Speise“ fortleben) oder *Ritter von der traurigen Gestalt* (nicht nur der Titelheld des „Don Quijote“). Überhaupt bekommt der Adel, mit dem das Rittertum verschmolzen ist, eine ambivalente Bewertung in den einschlägigen Redensarten. Da heißt es z.B. *Adelig und edel sind zweierlei.* Vor allem bekräftigte ein Sprichwort: *Die Tugend adelt mehr als das Geblüt.* Kaiser Maximilian I. (der „letzte Ritter“) warnte seine Standesgenossen *Müßiggang verdirbt adlige Leiber wie Rost das Eisen.*

Die Jagd war in der Regel seit dem Hochmittelalter ein Privileg des Rittertums bzw. der adligen Herren. Aus dieser Zeit stammen viele Redewendungen, die inzwischen ganz in die allgemeine Jägersprache eingegangen sind, so z.B. die Ausdrücke *Auf den Busch klopfen* (um Vögel oder Kleinwild aus dem Gehölz zu treiben); *Von etwas Wind bekommen* (Witterung aufnehmen); *Jemanden zur Strecke bringen* (das getroffene Wild ausstrecken); ähnlich auch *Alle Viere ausstrecken* und dann *das Fell über die Ohren ziehen.* – *Ins Garn gehen* meint ins Fangnetz geraten. – *Den Lockvogel spielen* kommt von einer Methode des Vogelfangs, die übrigens schon in den Weisheitssprüchen des Jesus Sirach (Sir. 11,31) erwähnt wird. Hingegen ist die Redensart *Den Vogel abschießen* erst aus der bäuerlichen Tradition des Vogelschießens beim Schützenfest hervorgegangen.

5.3 Sprichwörter aus kirchlichem Umfeld

Vieles aus der kirchlichen Praxis früherer Zeiten ist längst in Vergessenheit geraten, lebt aber in sprichwörtlichen Redensarten fort. Wer denkt, wenn vom *Wahren Jakob* die Rede ist, noch an die beschwerliche Pilgerreise nach Santiago di Compostella zum wahren heiligen Jakobus? Andere suchten nur den *falschen Jakob* in einem leichter erreichbaren Wallfahrtsort auf. Auf dem Jahrmarkt priesen manche Händler sich selbst als *billigen Jakob* an, wenn sie Waren zum vermeintlichen Schleuderpreis feilboten. Dass der „billige Jakob" mit der Jakobsverehrung zusammenhängt, ist allerdings eher zweifelhaft. Jakob Grimm, der 1854 ff. mit seinem Bruder Wilhelm zusammen das berühmte „Deutsche Wörterbuch" herausgab, kannte zwar die Redensart vom *wahren*, aber nicht die vom *billigen Jakob*. Ziemlich schwer ist der Ausdruck *So ein Ölgötze* zu erklären. Martin Luther hat ihn „erfunden", und zwar bezeichnete er in polemischer Weise damit die mit (sakramentalem) Öl zum Priester geweihten katholischen Geistlichen. So hat sich das Wort im protestantischen Deutschland als Schimpfwort verbreitet. Wenn wir vom *deutschen Michel* reden, wird sich kaum jemand daran erinnern, dass der Erzengel Michael (mit dem Schwert!) von den Kaisern des Heiligen Römischen Reiches deutscher Nation als besonderer Schutzpatron Deutschlands erwählt und vom Volk verehrt wurde. Von der geistlichen Herkunft des Geflügelten Wortes *Das geht auf keine Kuhhaut* war schon die Rede. *Etwas an die große Glocke hängen* ist eine Redewendung, deren Sinn davon herzuleiten ist, dass die große Glocke geläutet wurde, wenn alle im Dorf oder in der Stadt erfahren sollten, dass etwas ganz Wichtiges passiert war, das nicht verheimlicht werden durfte. Wenn jemandem *etwas auf den Nägeln brennt*, dann benutzt er eine Redensart aus der klösterlichen Praxis des Chorgebetes. Wenn nämlich das nächtliche Stundengebet, bei dem die Mönche einen Kerzenstummel in der Hand hielten, zu lange dauerte, konnten sie das Ende kaum abwarten, weil der Kerzenrest bald abgebrannt war und das heiße Wachs schon auf die Fingernägel tropfte.

Den Ausdruck *Küchenlatein* hat Luther in die Volkssprache eingeführt, um das miserable Latein mancher Kleriker zu kritisieren. Dazu muss man wissen, dass die Küche in der Umgangssprache damals zum Sinnbild des Minderwertigen und Fehlerhaften geworden war, dass aber die Theologiestudenten verpflichtet waren, auch bei der Unterhaltung „korrekt" lateinisch zu sprechen, und dass sämtliche theologischen Werke in Latein verfasst waren. Vom *Pfründenwesen* oder von *fetten Pfründen* u.Ä. spricht man, ohne explizit daran zu denken, dass Pfründe die Grundlage der gesamten Seelsorge der Pfarrgemeinden war, die dadurch finanziert war, dass dem Pfarrer feste Einkünfte aus dem Pfarreivermögen als „Pfründe" zustanden. Der Begriff kommt übrigens von dem lateinischen Wort praebenda, zu Deutsch „zu gewährende Leistungen". Die „Altarpfründe" sicherte dem Pfarrer ein standesgemäßes Auskommen. So heißt es im Sprichwort *Wer dem Altar dient, soll auch vom Altar leben.*

Die Geistlichen waren in der vormodernen Gesellschaft überall präsent, und sie waren in der Öffentlichkeit an ihrer Standeskleidung stets zu erkennen, vor allem die Mönche und Nonnen aus den vielen Klöstern, die es einmal gab. Viele Redensarten beziehen sich auf das Missverhältnis zwischen Sein und Schein im Erscheinungsbild der damaligen Kirche, so, wenn es heißt *Nicht die Kutte macht den Mönch. – Pfarrer, Mönche und Beghinen / waren nicht so heilig, wie sie schienen. – Die Kapuze macht noch keinen Kapuziner – Christus hat wohl viele Diener, aber wenige Nachfolger.* Manche Wendung kritisiert offenkundige Mängel im Verhalten der Geistlichkeit, so etwa die Vetternwirtschaft in der römischen Kurie mit dem Spruch *Wer den Papst zum Vetter hat, ist bald Kardinal.* Oder die unehrliche Mahnung zur Askese: *Mit vollem Bauch ist gut Fastenpredigt zu halten. – Mönche und Nonnen fasten, dass ihnen die Bäuche schwellen.* Die zweifelhafte Moral mancher Kleriker wird in folgenden Redensarten mit Ironie skizziert: *Also hat Gott die Welt geliebt, und der Pfaff die Köchin. – Non credo* (= ich glaub's nicht)*, sprach der Mönch, als ihm die Magd ein*

Kind brachte. Das deutsche Wort Pfaffe erhielt übrigens erst im 19. Jahrhundert den abwertenden Beiklang und wurde dann allgemein durch andere Worte (Pfarrer, Pastor u.Ä.) ersetzt. Dass die Gläubigen im Übrigen nicht alle fleißig den Sonntagsgottesdienst besuchten, bezeugt die Redewendung *Besser im Wirtshaus sitzen und an die Kirche denken – als umgekehrt.*

Der unmittelbare Bezug zum kirchlichen Leben ist in manchen sprichwörtlichen Redensarten ganz aus dem Bewusstsein verschwunden, so z.B. bei *Arm wie eine Kirchenmaus. – Er ist kein großes Kirchenlicht* (man bezeichnete einst die lutherischen Theologen als Kirchenlichter in Anlehnung an die Kirchenlehrer). – *Er kann alle Register ziehen* (eigentlich beim Orgelspiel in der Kirche). – *Man muss Himmel und Erde in Bewegung setzen!* Manche leicht ironisch gemeinten Sprüche deuten die Ambivalenz der sogenannten Volksfrömmigkeit früherer Zeiten an. So hieß es von den „frommen" Bauern, was sie bei der Kirmes (dem Kirchweihfest) am meisten lieben, seien *Lange Bratwürst und kurze Predigt!* Spott steckt auch in der Wendung *Keine Kapelle so klein, einmal im Jahr muss Kirmes drin sein!* Bekannt für seinen bissigen Humor in der Schilderung kirchlicher Missstände war und ist bis heute der Barfüßermönch Abraham a Sancta Clara (1644-1709). Schiller hat ihm in „Wallensteins Lager" mit der Kapuzinerpredigt ein Denkmal gesetzt: Was ist die Welt? fragte Abraham einst seine Zeitgenossen und gab die Antwort: *Ein Karren – voller Narren!* Es bleibt indes festzuhalten, dass die Menschen in vormoderner Zeit ihr Leben gar nicht ohne Religion zu begreifen und zu bewältigen vermochten. Man hielt sprichwörtlich an der Glaubensüberzeugung fest *An Gottes Segen ist alles gelegen*, auch wenn man eingestehen musste: *Der Herrgott kann's nie allen recht machen.*

5.4 *„Alles was Recht ist"*

Die Redewendung *Ein heißes Eisen anfassen* erinnert an eine Form des mittelalterlichen Gottesurteils, die „Eisenprobe", bei der ein Angeklagter seine Unschuld zu beweisen vermochte, wenn er ein glühendes Eisen anfasste und seine Handwunde danach bald wieder verheilte. Ähnlich entstand auch die Redewendung *Seine Hand dafür ins Feuer legen.* Auch die Formel *Den Kürzeren ziehen* entstammt einer Form des Gottesurteils: Wer von zwei Halmen den kürzeren zog, hatte verloren. *Auf die lange Bank schieben* kommt von der Gewohnheit, die Akten in den Gerichtsstuben auf der Bank neben- oder hintereinander aufzubewahren, solange es noch keine Aktenschränke gab. Dabei ist daran zu erinnern, dass sich Prozesse vor dem Reichskammergericht viele Jahrzehnte lang hinziehen konnten. Was *mit Brief und Siegel* bestätigt war, hatte vollgültige Rechtskraft, denn ein Brief ohne Siegel galt als bloße Privatsache. *Kopf und Kragen riskieren* bezieht sich auf die Hinrichtung mit dem Schwert (mit dem Kragen ist der Hals gemeint). Wer hingegen *seinen Kopf aus der Schlinge zieht,* erinnert an die Hinrichtungspraxis mit dem Galgen. Indem freilich der konkrete Bezug zur grausamen Wirklichkeit entfiel (wie auch bei den Redewendungen *Auf die Folter spannen, eine Galgenfrist gewähren*), verflachte wohl die Kraft solcher Worte. An eine andere Form vormoderner Strafen erinnern die Worte *etwas anprangern* oder *an den Pranger stellen.* Ein ehemaliger Rechtsgrundsatz steckt auch in der Wendung *unter einer Decke stecken.* Eine rechtsgültige Ehe wurde nämlich durch das Zudecken der Jungvermählten im Bett (angekleidet nota bene!) in Anwesenheit von Eltern und Verwandten bezeugt. Anschauliche Rituale ersetzten die Urkunde. Ähnliches gilt auch für bestimmte Formen der Kleidung, die sinnbildlich eine rechtliche Tatsache zum Ausdruck brachten: So war die verheiratete Frau *unter die Haube gekommen,* während eine Ordensfrau, die sich Gott geweiht hatte, *den Schleier nahm.*

Manche Redensarten aus dem Rechtsleben sind als Kürzel im Sprachschatz überliefert, so, wenn man sagt, etwas sei *recht und billig* (es entspreche also dem Recht und werde im Rechtsgefühl der Menschen gebilligt), oder bei der Doppelung *mit Fug und Recht,* womit bekräftigt wird, was entschieden wurde. Demgegenüber wird der Gegensatz zwischen der Rechtspraxis und dem Rechtsbewusstsein deutlich in dem Satz *Kleine Diebe hängt man, große lässt man laufen.* Dem geläufigen Satz *Gewalt geht vor Recht* oder *Der Stärkere hat Recht* (bzw. lateinisch *ius est in armis*) widersprach Sebastian Franck in seiner Sprichwörtersammlung nachdrücklich mit den Worten „Dies ist wider Gott und die Schrift!" Skepsis gegenüber der Justiz steckt in der Wendung *Man hängt keinen Dieb, eh man ihn hat.* Was die mögliche Wiedergutmachung betraf, musste man sich (wie wohl heute noch) an den Grundsatz halten *Wo nichts ist, hat der Kaiser sein Recht verloren.* Der folgende Satz zweifelt am Prinzip der vorurteilsfreien Untersuchung vor Gericht: *Wer einmal stiehlt, heißt allzeit Dieb.* Andererseits glaubte man doch an eine höhere Gerechtigkeit, wenn man der Überzeugung war *Es ist nichts so fein gesponnen, einmal kommt's doch an die Sonnen.* Eine kluge Regel im Erbrecht bestimmte: *Der Ältere teilt, der Jüngere wählt.* Die Hoffnung auf soziale Gerechtigkeit überließ man gern dem Schicksal: *Arm oder Reich, der Tod macht alle gleich.* Letztlich blieb das rechte Handeln weniger vom geschriebenen Recht bzw. im Mittelalter vom „gefundenen" Recht bestimmt als vom Gewissen, das Kant den „inneren Gerichtshof" nannte und dem die alte Formel galt: *Das Gewissen sagt uns wohl, was jeder tun und meiden soll.*

5.5 Aus ehrbarem Gewerbe

Manche Redewendungen aus dem Gewerbebereich sind zwar sehr alt, gelten aber auch heute noch, so z.B.: *Handwerk hat einen goldenen Boden. – Schuster bleib bei deinen Leisten! – Lehrjahre sind keine Herrenjahre.* Wenn man allerdings heute davon spricht, jemand habe *Lehrgeld zahlen müssen*, geht das auf eine völlig überholte Praxis zurück, dass nämlich dem Meister Lehrgeld zu entrichten war, wenn man eine Ausbildung bekommen wollte. Worauf die Redewendung *Nägel mit Köpfen machen* zurückgeht, ist ganz in Vergessenheit geraten, obwohl der Nagler ein wichtiges Gewerbe ausübte: Er hämmerte mit mehreren Dutzend Schlägen aus Draht die Stifte und Nägel, auf die er jeweils zum Schluss die Köpfe zu machen hatte. Gern gebraucht wird der Ausdruck *Man soll den roten Faden nicht verlieren.* Wie man bei Goethe in den „Wahlverwandtschaften" lesen kann, geht das auf eine Praxis bei der britischen Marine zurück. Ihre Taue waren so gesponnen und geflochten, dass ein roter Strang durch das Ganze mitlief, den man nicht herauswinden konnte, ohne dass sich das ganze Tau auflöste. *Außer Rand und Band* geriet ein Fass oder ein Kübel, wenn Küfer oder Böttcher die Reifen entfernten. *Du kannst einpacken,* sagte man zum Hausierer, wenn man nichts von seinem angebotenen Zeug brauchen konnte. Die Redewendung *Man soll nicht mehr schlachten, als man salzen kann* erinnert an die Vorratshaltung, bevor es Konservendosen und Kühlschränke gab. Wird jemand aufgefordert *Du kannst Leine ziehen,* wird unbewusst Bezug genommen auf die Zeit, als Schiffe noch mit dem Schlepptau vom Ufer aus getreidelt wurden. Die heute so beliebte Wendung *vor Ort* stammt aus dem Bergbau und bezeichnete das Stollenende. Von der Einschätzung der Ärzte in vormoderner Zeit berichtet Luthers Wort *Der Arzt ist Gottes Menschenflicker.* Auch die Formel *Der Arzt behandelt, Gott aber heilt* (medicus curat, deus sanat) stammt aus alter Zeit. Etwas jünger ist wohl die Wendung *Gott lässt genesen, der Arzt holt die Spesen.*

Einen Strich durch die Rechnung machen bedeutete, dass die Bezahlung erfolgt oder die Rechnung für ungültig erklärt war. *Etwas auf dem Kerbholz haben* ist so zu erklären: Kerbhölzer dienten der Rechnungsführung in der Zeit, bevor jedermann lesen und schreiben gelernt hatte. Lutz Röhrich erklärt in seinem Lexikon die Sache sehr präzise: „Ein Kerbholz bestand in der Regel aus zwei Teilen, die man durch Längsspalten eines Holzstabes gewann. Der größere Teil mit dem Griff hieß im Deutschen „Stock" und der kürzere abgespaltene Teil „Einsatz". In beiden genau aneinandergehaltenen Teilen wurden Kerben, die je nach ihrer Form bestimmte Mengen oder Leistungen ausdrückten, eingeschnitten. Den einen Teil des Kerbholzes erhielt der Gläubiger, den andern der Schuldner (bzw. der Tagelöhner und der Arbeitgeber). Bei jeder Abrechnung wurden die beiden Teile schließend aneinandergelegt, wobei sich die Kerbschnitte genau entsprechen mussten." Nach der Abrechnung wurde das Holz „abgekerbt", d.h. die Kerbschnitte wurden mit Messer, Hobel oder Feile beseitigt. Zechpreller versuchten, *Fersengeld zu geben*, was Thomas Murner 1512 in der „Schelmenzunft" mit den Versen beschrieb: „Mit meinen Fersen bezahlt ich das, was an den Kerben zeichnet was."

5.6 Sprichwörtliches in alten Wertvorstellungen

Es sind nicht nur Lebensverhältnisse früherer Zeiten, die vergangen oder vergessen sind und doch in Redensarten tradiert wurden. Wie manche Lebensansichten veralten können, zeigen folgende Beispiele: Ein alter Spruch lautet: Man soll *die Alten ehren, die Jungen lehren, die Weisen fragen, die Narren ertragen.* Das galt unbestritten, solange nicht Schulen und Medien die Bildung junger Menschen maßgeblich bestimmten. Ganz ähnlich wird das Generationenschema in folgenden einst verbreiteten Versen beschrieben: *Der Jungen Tat, der Alten Rat, der Männer Mut, sind allzeit gut.* Aus den Erfahrungen früherer Generationen ist denn auch die Abfolge der Lebensalter in einer alten Aufzählung von Jahrzehnten zu verstehen:

Mit zehn Jahren noch ein Kind,
mit zwanzig dann ein Jüngeling,
mit dreißig Jahren bist' ein Mann,
mit vierzig Jahren wohl getan.
Mit fünfzig Jahren stille stahn,

Mit sechzig geht das Alter an.
Mit siebzig Jahren schon ein Greis,
mit achtzig Jahren nimmer weis'.

Mit neunzig dann der Kinder Spott,
mit hundert Jahren gnad' dir Gott!

Ob folgende Grundregeln früherer Zeiten der heutigen Gesellschaft noch etwas bedeuten, darf man füglich bezweifeln: *Man soll sich begnügen mit dem, was Gott gibt. – Der ist reich, der genügsam ist. – Hilf dir selbst, so hilft dir Gott! – Im Alter kommt der Psalter* (= Glaube). Sie bezeugen offenbar Grundhaltungen von einst, die heute eher selten geworden sind.

Was sich in der Vorstellungswelt offensichtlich ganz grundlegend verändert hat, sind die Beziehungen zwischen Mann und Frau in der Gesellschaft sowie die gängigen Rollenmuster, mit denen Männer die Frauen zu typisieren versuchten. Wer kennt nicht Floskeln wie diese: *Lange Haare, kurzer Sinn.* – Die *Frau gehört an den Herd. – Ein Mann ein Wort, eine Frau ein Wörterbuch.* – Das *Weib und der Ofen sollen zu Hause bleiben.* Aus alter Zeit stammen die Redensarten: *Das Glück hat Weiberart, es liebt die Jugend und wechselt gern. – Männer verschweigen fremde, Frauen eigene Geheimnisse. – Wer nichts zu hadern hat, der nehme ein Weib.* Zu stehenden Wendungen gehörte *das zänkische Weib.* Meist lagen dem Frauenbild der vormodernen Gesellschaft patriarchalische Ordnungsideen zugrunde. Die Unterordnung der Frau wurde gerne mit dem Verweis auf einschlägige Bibelstellen begründet, besonders auf 1. Kor 14,34: *Die Frau hat in der Gemeindeversammlung (*= in der Kirche*) zu schweigen* oder Eph 5,23 *Der Mann ist des Weibes Haupt.* Immerhin gab es auch ironisch formulierte Anti-Sprüche wie *Männer regieren die Welt, Frauen die Männer.* Oder (wenn auch erst aus neuerer Zeit) *Hier bin ich Herr im Haus: Was meine Frau sagt, wird gemacht!*

5.7 Wie uns die Zeiten ändern

Bestimmten Sprichwörtern merkt man leicht an, dass sie erst in neuerer Zeit aufkamen, so wenn man sagt: *Es ist höchste Eisenbahn* (der Spruch ist erstmals in einer Heiratsanzeige aus dem Jahr 1847 belegt; 1840 war die erste Bahnlinie in Deutschland eröffnet worden). Aus dieser Zeit kommt auch die Redewendung *Auf den fahrenden Zug aufspringen.* Der Satz *Alles ist in Butter* stammt aus der Zeit, als um 1875 die billigere Margarine der wertvolleren Butter Konkurrenz zu machen begann. Andere Wendungen gelangten mit der industriellen oder technischen Revolution in die Umgangssprache, so etwa: *Dampf ablassen, Sand ins Getriebe streuen, Auf Draht sein, Auf der Leitung stehen, Vom Bildschirm verschwinden* (auf der Platte des Fotoapparates).

Dies lehrt uns der Blick auf die sprichwörtlichen Zeugnisse aus vormoderner Zeit. Sie zeigen, *wie sich die Zeiten ändern.* Oder besser: *Wie uns die Zeiten ändern!* In der lateinischen Fassung wird diese Spruchweisheit auf den Kaiser Lothar I. zurückgeführt, dem die Worte in den Mund gelegt werden *Tempora mutantur, nos et mutamur in illis,* d.h. Die Zeiten ändern sich, und wir ändern uns in ihnen. Die Redewendungen machen aber auch bewusst – so etwa im Blick auf die „Emanzipation" der Frauen –, wie langsam, wenn auch stetig, die Transformationsprozesse vonstatten gehen. Schließlich offenbaren die Redensarten aus vormoderner Lebenswelt ganz nachdrücklich, dass sie in der Zeit der vorwiegend nicht schriftlichen Kommunikation dazu beitrugen, sich der eigenen Identität und Würde zu vergewissern. Die bäuerlich-ländliche Bevölkerung sah in den Sprichwörtern ihren Alltag gespiegelt, der Adel sah seine Privilegien darin bestätigt, die Gesamtgesellschaft konnte sich mit ihnen auf Rechtsgewohnheiten berufen. Nicht zuletzt konnten Sprichwörter die asymmetrische Rollenverteilung zwischen Mann und Frau offenbar über Jahrhunderte hinweg stabilisieren. Was wiederum die Ambivalenz Geflügelter Worte zum Vorschein bringt.

6. Von Dichtern und Denkern: Zitate und Aphorismen aus literarischen Texten

Die am weitesten verbreiteten Redensarten und Redewendungen der vormodernen Lebenswelt kamen gleichsam aus dem Volk und bildeten vor allem die Alltagswirklichkeit ab. Mit der Aufklärung wurde das seit dem letzten Drittel des 18. Jahrhunderts anders. Der politische und sozioökonomische Wandel mit der allmählichen Demokratisierung und Industrialisierung Europas brachte die bürgerlich geprägte, nur tendenziell egalitäre moderne Gesellschaft hervor. Damit verbunden war ein fundamentaler Umbruch der kulturellen Muster und Standards, der höhere Kultur und Bildung allgemein zugänglich machen sollte. Träger dieser Bewegung war das Bürgertum, das sich vor allem in Deutschland vorab durch Bildung – mehr noch als durch Besitz – auszeichnete. Dabei bekam die Verwendung von Sprichwörtern und Spruchweisheiten eine zunehmende Bedeutung als Ausweis höherer Bildung. Dafür genügten freilich die geläufigen Wendungen aus der vormodernen Zeit nicht mehr. Jetzt wurde der deutsche Sprachschatz mit Zitaten aus anspruchvollen Werken klassischer Dichter und Denker bereichert. Ihre Verbreitung hat freilich Jahrzehnte gebraucht. Noch um die Mitte des 19. Jahrhunderts konnte Ferdinand Lassalle, der Mitbegründer der deutschen Arbeiterbewegung beklagen, dass die klassischen deutschen Denker und Dichter nur im Kranichzug über das deutsche Volk hinweggezogen seien.

6.1 Klassisches Bildungsgut des Bürgertums

In den Städten gab es in den Jahrzehnten um 1800 eine regelrechte „Leseexplosion“. Das verhalf nicht zuletzt den Werken der „Klassiker“ Goethe und Schiller zu ihrer raschen Anerkennung. Diese beiden

Großen wurden im Bürgertum als ihresgleichen – freilich auf höchstem Niveau – gesehen und konnten zu Leitfiguren der gebildeten Schichten werden. In den Werken der Klassiker war das bürgerliche Bildungsgut in die ideale (eben „klassische“) Form gegossen. So konnte vieles davon zum Gemeingut des Bildungsbürgertums werden. Am leichtesten prägten sich die griffigen Formulierungen einzelner Sätze aus der klassischen Literatur im bürgerlichen Sprachgebrauch ein. Sie wurden zum festen Bestandteil im „deutschen Zitatenschatz“, den sich auf Grund der allgemeinen Schulpflicht nach und nach anhand der Schullektüre auch weitere Teile des Volkes aneignen konnten. Das mögen zwei Beispielreihen mit Zitaten aus den Werken von Goethe und Schiller schon auf den ersten Blick erkennen lassen:

Name ist Schall und Rauch.

Man merkt die Absicht, und man ist verstimmt.

Politisch Lied, ein garstig Lied.

Du sprichst ein großes Wort gelassen aus.

Mit Worten lässt sich's trefflich streiten.

Wer nie sein Brot mit Tränen aß ...

Die Botschaft hör ich wohl, allein mir fehlt der Glaube.

Das also war des Pudels Kern.

Blut ist ein ganz besondrer Saft.

Der Menschheit ganzer Jammer fasst mich an.

Alles Vergängliche ist nur ein Gleichnis.

Das ewig Weibliche zieht uns hinan.

Nur wer die Sehnsucht kennt, weiß was ich leide.

Raum für alle hat die Erde.

Der kluge Mann baut vor.

Es ist noch kein Meister vom Himmel gefallen.

Es ist der Geist, der sich den Körper baut.

Der langen Rede kurzer Sinn.

Schnell fertig ist die Jugend mit dem Wort.

Der Not gehorchend, nicht dem eignen Triebe.

Das Leben ist der Güter Höchstes nicht.

Raum ist in der kleinsten Hütte.

Der brave Mann denkt an sich selbst zuletzt.

Dem Mutigen hilft Gott.

Die Axt im Haus erspart den Zimmermann.

6.2 Spruchweisheiten der Klassiker Goethe und Schiller

Es wird nicht schwer fallen, die Zitate im ersten Block Johann Wolfgang von Goethe (1749-1832) und die im darauf folgenden Friedrich von Schiller (1759-1805) zuzuordnen. Aber aus welchen ihrer Werke stammen sie? Allein neun von den 13 zitierten Goethe-Worten finden sich im „Faust", zwei Liedverse im „Wilhelm Meister". Von den abgedruckten Schiller-Zitaten stammen die meisten aus „Wilhelm Tell" und aus der „Wallenstein-Trilogie". Es würde sich lohnen, die Sätze jeweils auf den Kontext zu beziehen, aus dem sie ihren Sinn bekommen. Man denkt wohl bei der Verwendung der Formel *Name ist Schall und Rauch* kaum daran, dass Goethes Faust sich mit dem Satz auf sein Verhältnis zur Religion bezieht und dabei betont: „Gefühl ist alles. Name ist Schall und Rauch." Wie die Beispiele lehren, findet man bei den beiden Klassikern Spruchweisheiten für fast alle Lebenslagen. Meist haben sie die sprichworttypischen Merkmale: Sie sind kurz und prägnant formuliert, leuchten unmittelbar ein, verwenden oft eine bildhafte Sprache. Sie sind auf konkrete Situationen bezogen, lassen sich aber meist verallgemeinern, und – man muss auch ihnen gegenüber kritisch bleiben, denn auch ihre Wahrheit hat zuweilen ihre Grenzen.

Manche Werke der beiden Olympier der deutschen Literatur quellen geradezu über von sprichwörtlich gewordenen Zitaten. Aus Goethes „Faust" sind Dutzende in den Sprachschatz des Bildungsbürgertums eingegangen, so die folgenden: *Was du ererbt von deinen Vätern hast, erwirb es, um es zu besitzen! – Es irrt der Mensch, solang er strebt. – Zwei Seelen wohnen, ach, in meiner Brust. – Nur der verdient sich Freiheit wie das Leben, der täglich sie erobern muss. – Es hört doch jeder nur, was er versteht. – Die Kunst ist lang! Und kurz ist unser Leben. – Grau, teurer Freund, ist alle Theorie … – Denn was man schwarz auf weiß besitzt, kann man getrost nach Hause tragen. – Denn wo Begriffe fehlen, da stellt ein Wort zur rechten Zeit sich ein. – Unmöglich ist's, drum eben glaubenswert. – Dass ich erkenne, was die Welt im Innersten zusammenhält.*

Wie aus Goethes „Faust" kann man aus Schillers „Lied von der Glocke" und mehr noch aus seiner „Wallenstein-Trilogie" zahllose Spruchweisheiten zitieren wie die folgenden: *Ernst ist das Leben, heiter ist die Kunst. – Man soll den Tag nicht vor dem Abend loben. – Spät kommt ihr, doch ihr kommt! – Ich hab' hier bloß ein Amt und keine Meinung. – Von der Parteien Gunst und Hass verwirrt schwankt sein Charakterbild in der Geschichte.* – Wie *er sich räuspert und wie er spuckt, das habt ihr ihm glücklich abgeguckt. – Das eben ist der Fluch der bösen Tat, dass sie fortzeugend immer Böses muss gebären. – Daran erkenn ich meine Pappenheimer. – Und setzet ihr nicht das Leben ein, nie wird euch das Leben gewonnen sein.*

Der zuletzt zitierte Satz, mit dem Schillers „Wallensteins Lager" endet, verweist auf eine zentrale Thematik der klassischen Literaturzitate der beiden Dichterfürsten: Es ist die Erziehung zur höchsten Humanität. Bei Goethe heißt es in dem Gedicht „Das Göttliche": *Edel sei der Mensch, hilfreich und gut.* Und den „Faust I" lässt der Dichter mit dem Satz enden: *Wer immer strebend sich bemüht, den können wir erlösen.* – Im „Tasso" heißt es: *Es bildet ein Talent sich in der Stille, sich ein Charakter in dem Strom der Zeit.* In diesem Werk findet man eine ganze Menge kluger Goethe-Worte, so z.B. *Nach Freiheit strebt der Mann, die Frau nach Sitte.* – Oder: *Und wenn der Mensch in seiner Qual verstummt, gab mir ein Gott zu sagen, wie ich leide.* (Goethe hat den Satz als Motto der „Marienbader Elegie" in einer leicht veränderten Form selbst zitiert: ... *zu sagen, was ich leide.*) *Es wächst der Mensch mit seinen größer'n Zwecken* verkündet Schiller im Prolog zu „Wallensteins Lager". Ganz pathetisch fordert er in der „Würde der Frauen" dazu auf, die Frauen zu ehren, denn *Sie flechten und weben himmlische Rosen ins irdische Leben.* Zu einer festen Lebensregel wurde sein Distichon *Immer strebe zum Ganzen, und kannst du selber kein Ganzes werden, als dienendes Glied schließ an ein Ganzes dich an.* Im „Wilhelm Tell" gibt Schiller den Rat *Der brave Mann denkt an sich selbst zuletzt.* Im „Lied von der Glocke" verspricht er *Arbeit ist des Bürgers Zierde, Segen ist der Mühe Preis.*

6.3 Zeugnisse bürgerlicher Humanität

Das aufgeklärte Menschenbild der Dichter der deutschen Klassik drückt sich nicht zuletzt in ihren sprichwörtlich gewordenen Grund-Sätzen aus. Die Verankerung in der religiös-christlichen Tradition trat zurück. In manchen Klassikerzitaten wurden Grundideen der Aufklärung zu geläufigen Merksätzen. *Es fürchten die Götter das Menschengeschlecht.* So heißt es bei Goethe. Die Natur wird zum Sinnbild des Göttlichen. In Goethes Worten *Je näher wir der Natur sind, desto näher fühlen wir uns der Gottheit.* So bekennt er auch: *Wir sind naturforschend Pantheisten, dichtend Polytheisten, sittlich Monotheisten.* Bei Schiller kann man lesen *Die Natur ist ein unendlich geteilter Gott.* Im aufgeklärten Menschenbild wurde die Freiheit des Einzelnen zum zwingenden Postulat. *Der Mensch ist frei geschaffen, ist frei und würd' er in Ketten geboren.* So lautet ein Glaubensbekenntnis Schillers, und folgerichtig konnte er im „Lied an die Freude" verkünden: *Alle Menschen werden Brüder* (ob er dabei die Schwestern vergaß, sei ironisch angefragt).

Der unmittelbare Adressat der dichterischen Aufrufe zu Humanität und Aufklärung war das Bürgertum, das an der Wende zum 19. Jahrhundert im politischen Sinn erwachsen wurde und zur eigentlichen Führungselite der Gesellschaft heranreifte. Wie schon erwähnt, hat sich das Bürgertum in Deutschland nicht allein durch Besitz, sondern weit mehr vor allem durch Bildung definiert. Diese Bildung gewann ihre praktische Form und Wirkung insbesondere in der klassischen Literatur. Im Umgang mit der Literatur (ob in Büchern, im Theater oder in schöngeistigen Zeitschriften) erlebte das Bürgertum Bildung als lebenslange Aufgabe. Die zu Spruchweisheiten geadelten Dichterzitate konnten dabei nicht nur Bildungswissen verdichten. Indem man sie im Sprachschatz speicherte und im Alltag gebrauchte, konnte man damit seine Zugehörigkeit zum gebildeten Bürgertum jederzeit ausweisen. In gewisser Weise dienten diese Zitate so dem inneren Zusammenhalt der bürgerlichen Klasse und prägten ihr sprachliches Milieu, womit man sich auch gegenüber dem „einfacheren Volk" abgrenzen konnte.

Das Lesepublikum der Klassiker übernahm natürlich nicht nur die hehren Postulate, sondern ebenso gern die vielen Lebensregeln, die von den großen Dichtern in so gefällige Sprachform gebracht wurden wie in den folgenden Beispielen: *Wo viel Licht ist, ist starker Schatten.* (Goethe, Götz von Berlichingen). *Wer etwas gelten will, muss andre gelten lassen.* (Goethe, Zahme Xenien). *Es kann der Frömmste nicht im Frieden bleiben, wenn es dem bösen Nachbarn nicht gefällt.* (Schiller, Wilhelm Tell). *Gegen Dummheit kämpfen Götter selbst vergebens.* (Schiller, Jungfrau von Orléans. Dort heißt es allerdings wörtlich: „Mit der Dummheit …"). *Drum prüfe, wer sich ewig bindet, ob sich das Herz zum Herzen findet.* (Schiller, Lied von der Glocke. Scherzhaft hat man später parodiert: … *ob sich nicht noch was Bess'res findet!*). Ebenfalls aus dem Lied von der Glocke: *Mit des Geschickes Mächten ist kein ewger Bund zu flechten. – Soll das Werk den Meister loben, doch der Segen kommt von oben. – Der Mann muss hinaus ins feindliche Leben.* Und: *Drinnen waltet die züchtige Hausfrau.* Aus dem „Ring des Polykrates" wird gern zitiert: *Des Lebens ungemischte Freude wird keinem Irdischen zuteil.* Die ganze Fülle der Klassikerzitate findet man in den

Lexika der Goethe- bzw. Schiller-Zitate von Richard Dobel (1968) und Ernst Lautenbach (2003).

In Goethes Torquato Tasso fand das Bürgertum sein moralisches Grundgesetz in dem Satz *Erlaubt ist, was sich ziemt.* Goethe legte ihn der Prinzessin in den Mund. Sie widersprach damit der – nach Goethes Haltung überholten – Ansicht Tassos *Erlaubt ist, was gefällt.* Man kann die Formel *Erlaubt ist, was sich ziemt* in ihrer Wirkung auf die Selbstdisziplinierung des Bürgertums nicht hoch genug einschätzen. Sie prägte in erheblichem Maß die Erziehungspraxis in den bürgerlichen Familien und war oft wichtiger als das geschriebene Gesetz. Mit dem klaren Bewusstsein davon, was sich gehört bzw. nicht gehört, besaß das Bürgertum einen festen Maßstab für das rechte Verhalten. Zugleich wusste man sich damit als gesellschaftliche Klasse von „der Masse" abgehoben.

6.4 Geflügelte Worte aus dem Umkreis der Klassik

Zitiert wird nicht nur aus Werken von Goethe und Schiller. Geschätzt und verbreitet waren und sind auch Formulierungen anderer Autoren, so z.B. aus Lessings „Nathan der Weise" Sätze wie die folgenden: *Kein Mensch muss müssen. – Es sind nicht alle frei, die ihrer Ketten spotten. – Nicht die Kinder bloß speist man mit Märchen ab. – Der Wunder höchstes ist, dass uns die wahren, echten Wunder so alltäglich werden können. – Der wahre Bettler ist doch einzig und allein der wahre König.* Auch andere Zeitgenossen der Klassiker wurden gerne zitiert. So z.B. *Wer so besorgt um seinen Namen ist, wird schlechte Gründe haben, ihn zu führen* (aus Heinrich von Kleists Amphitryon) oder von Jean Paul *Die Erinnerung ist das einzige Paradies, aus dem wir nicht vertrieben werden können.* Von demselben: *Niemand wird in der Welt leichter betrogen – nicht einmal die Weiber und die Fürsten – als das Gewissen. – Um den Einsamen schleichen Gespenster. – Der Furchtsame erschrickt vor der Gefahr, der Feige in ihr, der Mutige nach ihr. – Die Kunst ist zwar nicht das Brot, aber der Wein des*

Lebens. – Der Mensch ist nie so schön, als wenn er um Verzeihung bittet oder selbst verzeiht.

Schwere Kost bot Friedrich Hölderlin seinen Lesern, und doch gelangte manches in den Bestand der Geflügelten Worte, so z.B.: *Wer das Tiefste gedacht, liebt das Lebendigste. – Schwer ist zu tragen das Unglück, aber schwerer das Glück. – Wer auf sein Elend tritt, steht höher.* Unter den Intellektuellen wusste und weiß man auch die Verse aus Hyperions Schicksalslied zu schätzen: *Es schwinden, es fallen die leidenden Menschen … wie Wasser, von Klippe zu Klippe geworfen.* Und über Hölderlins berühmten Satz *Wo aber Gefahr ist, wächst das Rettende auch* hat der Philosoph Martin Heidegger voll Tiefsinn reflektiert.

Leichtfüßiger hingegen klingen viele Verse der Romantiker, von denen manche wohl wie Spruchweisheiten geläufig sind, zum Beispiel Eichendorffs *Wem Gott will rechte Gunst erweisen, den schickt er in die weite Welt. – Schläft ein Lied in allen Dingen, die da träumen fort und fort …* oder *Es war, als hätt' der Himmel die Erde still geküsst.* Oft hört man heute noch in geistlichen Kreisen die Verse von Novalis zitiert *Ich sehe dich in tausend Bildern, Maria, lieblich ausgedrückt.* Ganz leicht fanden Liedverse von Ludwig Uhland den Weg „zum Volk", so etwa *Droben stehet die Kapelle, schauet still ins Tal hinab. – Bei einem Wirte wundermild* und *Das ist der Tag des Herrn*, aber auch *Ich hatt' einen Kameraden, einen bessern findst du nit* oder *Nimm alle Kraft zusammen, die Lust und auch den Schmerz.*

Von ganz anderem Kaliber sind Zitate aus den Schriften Arthur Schopenhauers, die meist ziemlich zynisch klingen wie die folgenden: *Heiraten heißt seine Rechte halbieren und seine Pflichten verdoppeln. – Die Freunde nennen sich aufrichtig, die Feinde sind es. – Das Gewissen besteht zu je einem Fünftel aus Menschenfurcht, Götzenfurcht, Vorurteil, Eitelkeit und Gewohnheit* (sinngemäß zitiert). *Gott, wenn du bist, errette aus dem Grabe / meine Seele, wenn ich eine habe.* Oft formulierte Schopenhauer aber auch ganz ohne Ironie, so zum Beispiel: *Die wohl-*

feilste Art des Stolzes ist der Nationalstolz. – Bei gleicher Umgebung lebt doch jeder in einer anderen Welt.

6.5 Vom Großmeister des deutschen Aphorismus

Die Rede ist von Georg Christoph Lichtenberg (1742-1799). Sein Ruhm mag an seinen pointierten Sätzen liegen, an der Menschenkenntnis, die in ihnen steckt, aber auch an den raffinierten „Kehrtwendungen" in seinen Gedankengängen. Eigentlich kann man sich kaum satt lesen an Lichtenbergs Aphorismen. Darum folgt hier ein ganzes Bündel davon: Bei der Lektüre sollte man nicht nur die Gesamtwirkung der „Blütenlese" auf sich wirken lassen. Es lohnt allemal, Einzelnes eingehender zu überdenken, es im Geiste nachklingen zu lassen.

> *Gott schuf den Menschen nach seinem Bilde, das heißt vermutlich, der Mensch schuf Gott nach dem seinigen.*
>
> *Die Menschen können nicht sagen, wie sich eine Sache zugetragen, sondern nur, wie sie meinen, dass sie sich zugetragen hätte.*
>
> *Keine Erfindung ist wohl dem Menschen leichter geworden als die eines Himmels.*
>
> *Wenn ein Buch und ein Kopf zusammenstoßen und es klingt hohl, ist das allemal im Buch?*
>
> *Wie geht's, sagte ein Blinder zu einem Lahmen. Wie Sie sehen, antwortete der Lahme.*
>
> *Sagt, ist noch ein Land außer Deutschland, wo man die Nase eher rümpfen lernt als putzen?*
>
> *Dass in den Kirchen gepredigt wird, macht deswegen die Blitzableiter auf ihnen nicht unnötig.*
>
> *Ein sicheres Zeichen von einem guten Buch ist, wenn es einem immer besser gefällt, je älter man wird.*
>
> *Er las immer „Agamemnon" statt „angenommen", so sehr hatte er den Homer gelesen.*

Man muss keinem Menschen trauen, der bei seinen Versicherungen die Hand aufs Herz legt.

Man soll mit dem Licht der Wahrheit leuchten, ohne den Bart zu sengen.

Das Buch, das in der Welt am ersten verboten zu werden verdiente, wäre ein Katalog von verbotenen Büchern.

Wer in sich selbst verliebt ist, hat wenigstens in seiner Liebe den Vorteil, dass er nicht viel Nebenbuhler erhalten wird.

Jeder Fehler erscheint unglaublich dumm, wenn ihn andere begehen.

Man kann auf so vielerlei Weise Gutes tun, als man sündigen kann, nämlich mit Gedanken, Worten und Werken.

Irren ist auch insofern menschlich, als die Tiere wenig oder gar nicht irren.

Es ist nicht schwer, etwas kurz zu sagen, wenn man etwas zu sagen hat.

Wie sind wohl die Menschen zu dem Begriff von Freiheit gelangt? Es ist ein großer Gedanke gewesen.

Lichtenberg spielt mit den Worten, oft mit ihrem doppelten Sinn, so wenn der Blinde einen Lahmen fragt „Wie geht 's?", und der antwortet „Wie Sie sehen!" Da werden die geläufigen Formeln plötzlich im körperlich verstandenen Sinn gebraucht und kippen dabei um. Da tut sich dann die Doppelbödigkeit nicht nur der Sprache auf, vielmehr auch die der Lebenswirklichkeit. Lichtenberg spielte bekanntlich in seinem Leben selbst eine Art Zwitterrolle. Offiziell war er ein renommierter Physikprofessor in Göttingen, und zugleich pflegte er als ein hypochondrischer Analytiker des Alltags seine Beobachtungen und Gedanken, wann immer er sich krank oder seiner Arbeit und des Lebens überdrüssig fühlte, in seinen geheimen „Sudelbücher" zu notieren. Fünf Bände sind davon gut 100 Jahre nach seinem Tod erstmals herausgegeben worden.

6.6 Eine Frau, die Aphorismen schrieb

Nicht weniger fruchtbar als Lichtenberg im Verfassen von Aphorismen war Marie von Ebner-Eschenbach (1830-1916). Sie formulierte auch nicht weniger knapp und prägnant als er und ihre Sätze bezeugen ähnlich kluge Einsichten in menschliches Verhalten wie die seinen. Sie sah die Welt zwar nicht mit so bitterem Spott, wie das Lichtenberg zuweilen tat, doch sind ihre Aphorismen kritischer als ihre Erzählungen und Romane. Es lohnt sich jedenfalls, etliche davon zu zitieren, womit hier endlich auch eine Frau mit Spruchweisheiten zu Ehren kommt!

Ein Urteil lässt sich widerlegen, aber niemals ein Vorurteil.

So mancher meint ein gutes Herz zu haben und hat nur schwache Nerven.

Die Großen schaffen das Große, die Guten das Dauernde.

Die verstehen sehr wenig, die nur das verstehen, was sich erklären lässt.

Der Gescheitere gibt nach. Ein unsterbliches Wort. Es begründet die Weltherrschaft der Dummheit.

Wohl jedem, der nur liebt, was er darf, und nur hasst, was er soll.

Die meisten Menschen brauchen mehr Liebe, als sie verdienen.

Ehen werden im Himmel geschlossen, aber dass sie gut gehen, darauf wird dort nicht gesehen.

Für das Können gibt es nur einen Beweis: das Tun.

Viele Menschen glauben, wenn sie einen Fehler erst eingestanden haben, brauchen sie ihn nicht mehr abzulegen.

Der größte Feind des Rechts ist das Vorrecht.

Man kann nicht allen helfen, sagt der Engherzige und – hilft keinem.

Wenn die Zeit kommt, in der man könnte, ist die vorüber, in der man kann.

In der Jugend lernt, im Alter versteht man.

6.7 Die „halbe Wahrheit" in den Aphorismen

Aphorismen, so wird im Nachwort zu einer Auswahledition von Ebner-Eschenbachs Texten Gabriel Laub zitiert, enthalten „eine halbe Wahrheit. Das ist ein ungewöhnlich hoher Prozentsatz." Karl Kraus, Österreicher wie Ebner-Eschenbach, vertritt die These: „Ein Aphorismus braucht nicht wahr zu sein, aber soll die Wahrheit überflügeln. Er muss mit einem Satz über sie hinauskommen." Karl Kraus ist einer unter den Aphorismenautoren, dessen Sätze man jeweils zweimal lesen sollte, um ihren ganzen Sinn und Hintersinn zu kosten. Ein paar Beispiele mögen das bezeugen:

Die Sitte verlangt, dass ein Lustmörder den Mord zugebe, aber nicht die Lust.

Das Wort „Familienbande" hat einen Beigeschmack von Wahrheit.

Das Geheimnis des politischen Agitators ist, sich so dumm zu machen, wie seine Zuhörer sind, damit sie glauben, sie seien so gescheit wie er.

Einer sagte, ich hätte versucht, ihn an die Wand zu drücken. Das ist nicht wahr. Es ist mir bloß gelungen.

Nicht alles, was totgeschwiegen wird, lebt.

Gedanken sind zollfrei, aber man hat doch Scherereien.

Was den Vätern alte Hosen, sind den Söhnen die Neurosen.

Typisch Karl Kraus ist auch der Vierzeiler *'Nen Platz an der Sonne erlangen, / nicht leicht! / Denn wenn er erreicht, / ist sie untergegangen.* Wollte man von all den Autoren deutscher Aphorismen, die sich (neben anderen Formen) in diesem Sprachtypus ausdrückten, nur eine kleine Kostprobe geben, würde das Kapitel zu sehr anschwellen. Eine hübsche Sammlung, die bis Adorno, Eich und Canetti reicht, hat Gerhard Fieguth bei Reclam herausgegeben (zuletzt 2002). Uns ging es darum, den besonderen Reiz dieser Form von Geflügelten Worten kosten zu lassen und ihren Sinn zur Geltung zu bringen. Nur von einem der ganz großen Denker sei daher hier noch ein Nachtrag erlaubt. Es ist Friedrich Nietzsche (1844-1900), dem u.a. sehr tiefe und höchst eigenwillige Aphorismen über das Denken und die Denker zu verdanken sind. So zum Beispiel diese:

> *Nicht wir geben den Gedanken Audienz, sondern die Gedanken geben sie uns.*
>
> *Im Gebirge der Wahrheit kletterst du nie umsonst: Entweder du kommst schon heute weiter hinauf oder du übst deine Kräfte, um morgen höher steigen zu können.*
>
> *Die Antithese ist die enge Pforte, durch welche sich am liebsten der Irrtum zur Wahrheit schleicht.*
>
> *Mancher wird nur deshalb zum Denker, weil sein Gedächtnis zu gut ist.*
>
> *Einem, der viel gedacht hat, erscheint jeder neue Gedanke, den er hört oder liest, sofort in Gestalt einer Kette.*
>
> *Den Stil verbessern – das heißt den Gedanken verbessern, und gar nichts weiter.*
>
> *Die meisten Denker schreiben schlecht, weil sie nicht nur ihre Gedanken, sondern auch das Denken der Gedanken mitteilen.*

6.8 Aus nachklassischer Literatur

Ein kluger Lieferant stehender Wendungen war Heinrich Heine mit seinen Werken. Viele Zitate aus ihnen verraten den ironisch getönten Weltschmerz des Autors, andere seine Lust an kritischen Tönen:

Ich weiß nicht, was soll es bedeuten, dass ich so traurig bin.

Denk ich an Deutschland in der Nacht, dann bin ich um den Schlaf gebracht.

Ich grolle nicht, und wenn das Herz auch bricht.

Fürsten haben lange Arme, Pfaffen haben lange Zungen, und das Volk hat lange Ohren.

Gebt Gott, was Gottes ist, dem Caesar, was des Caesars ist! Aber das gilt nur vom Geben, nicht vom Nehmen.

Der Knecht singt gern ein Freiheitslied – des Abends in der Schenke.

Lächelnd scheidet der Despot; / denn er weiß, nach seinem Tod / wechselt Willkür nur die Hände, / und die Knechtschaft hat kein Ende.

Dort wo man Bücher verbrennt, verbrennt man am Ende auch Menschen.

Offenbar hat der vor gut 150 Jahren (1856) verstorbene Autor nichts von seiner Faszination und Aktualität verloren.

Denkt man an die Literatur seit der Mitte des 19. Jahrhunderts, so ist z.B. an Gottfried Keller zu erinnern, der mit dem Titel seiner Novelle *Kleider machen Leute* einen Vers aus Logaus „Sinngedichten" von 1654 zu einer festen Redewendung machte. Von Keller zitiert man gern die Verse *Trink, o Auge, was die Wimper hält, / von dem goldnen Überfluss der Welt!* Man denke ferner an den Autor der schwäbischen „Nationalhymne" Justinus Kerner mit dem Eingangsvers des Liedes *Preisend mit viel schönen Reden*, an den Schwaben Wilhelm Hauff und seine Verse *Ach, wie bald, ach, wie bald schwinden Schönheit und Gestalt*, an den anderen Schwaben Georg Herwegh und seine revolutionären Verse, von dem der Text der Arbeiterhymne stammt *Alle Räder stehen still, wenn dein starker Arm es will!* Gut bürgerlich hat man die Kinder aus gutem Hause mit den Versen Friedrich Rückerts gelehrt:

Vor jedem steht ein Bild des, was er werden soll; solang er das nicht ist, ist nicht sein Friede voll! Unvergessen ist bis heute die so rührend rührselige Abschiedsformel aus Victor von Scheffels „Trompeter von Säckingen“: *Behüt dich Gott, es wär' so schön gewesen; behüt dich Gott, es hat nicht sollen sein.*

Auch aus Werken moderner Autoren wird gerne zitiert, so z.B. aus Rainer Maria Rilkes Stundenbuch *Ich lebe mein Leben in wachsenden Ringen* ... oder aus seinem Herbsttag-Gedicht die Verse *Wer jetzt kein Haus hat, baut sich keines mehr* ... Aus Hermann Hesses Werken gehört manches zum festen Zitatenbestand, insbesondere die Spruchweisheit *Es muss das Herz bei jedem Lebensrufe bereit zum Abschied sein und Neubeginne.* Man findet Verse von Benn und Brecht und Trakl bei den Geflügelten Worten (von Trakl z.B. aus dem „Verklärten Herbst“ den Beginn *Gewaltig endet so das Jahr mit goldnem Wein und Frucht der Gärten*), und natürlich Dietrich Bonhoeffers Trostlied *Von guten Mächten wunderbar geborgen* ... Anderen Autoren der Moderne wie Kästner, Morgenstern und Ringelnatz wird man im 8. Kapitel mit ein paar„zugespitzten Wendungen“ begegnen.

Es ist nicht zu übersehen bzw. nicht zu überhören, dass Dichterzitate erheblich mehr Resonanz im allgemeinen Sprachgebrauch besitzen als die klugen Aphorismen. Einen festen Stammplatz haben dabei vor allem die Geflügelten Worte, die uns die Klassiker Schiller und Goethe als Erbe hinterlassen haben. Man fragt sich natürlich, was die beiden befähigt hat, Gedanken und Beobachtungen in solcher Perfektion in sprachliche Formen zu bringen, dass diese von Generation zu Generation weiterleben konnten, volkstümlich und volksbildend zugleich. Wie war es möglich, dass sie den Ton des Herzens bei so vielen Menschen trafen? Wurden sie gleichsam unbewusst zum Sprachrohr der vielen andern? Oder waren sie selbst inspiriert von geheimnisvollen Kräften der Sprache, dem Universum des Geistes? Oder war es die schöpferische Kraft des Genius, die in der Sprache neue Ausdrucksformen schuf?

7. Von Personen und Stationen der Geschichte: Markante Aussprüche und Parolen

Sprichwörter, Redewendungen und Aphorismen stammen allemal aus der Vergangenheit. Es gibt indes feststehende Ausdrücke, die ganz explizit von der Geschichte handeln, Geflügelte Worte wie zum Beispiel *Die Dolchstoßlegende. – Der eiserne Kanzler* oder *Wehe den Besiegten!* Wer oder was ist damit gemeint? Und wie kam es zur Redewendung *Stadtluft macht frei*? Historische Formeln wie diese bringen geschichtliche Sachverhalte gleichsam auf den Begriff. Sie „erzählen" von Geschichte(n) in verdichteter Form, in knappen Sätzen und Schlagworten. Es sind vor allem markante Aussprüche von Personen, die Geschichte machten, Aussprüche, die wie ein Etikett an ihnen haften. Sie erinnern nicht nur an sie und ihre Zeit, sie halten sie in den sprichwörtlich gewordenen Sätzen lebendig.

7.1 Lehrsätze aus der griechischen Geschichte

Man könnte mit Begriffen aus der antiken Mythologie beginnen, die noch heute lebendig sind, *von der Achillesferse* und *dem Augiasstall* bis *zu den Tantalusqualen* oder *zum Zerberus, dem Höllenhund.* Wir bleiben indes bei der eigentlichen Geschichte. Bei manchen der überlieferten Sätze mag man darüber streiten, ob sie nur noch zu elitärem oder gar totem Bildungswissen zählen oder ob man sie nicht doch – bei aller Ambivalenz – zu den Merksätzen der Erinnerung rechnen darf, wie das im Folgenden geschieht.

Niemand ist vor seinem Tode glücklich zu preisen. Der Ausspruch geht auf Solon zurück, den seiner politischen Klugheit wegen hochberühmten Dichter und Staatsmann Athens. Wie oft bei historischen

Merksätzen hat der Satz eine einprägsame Herkunftsgeschichte. Sie wird von Herodot, dem *Vater der Geschichtsschreibung,* erzählt. Solon war beim sagenhaft reichen Lyderkönig Krösus (Kroisos) zu Gast. Der wollte von ihm wissen, wer als der glücklichste Mensch gelten dürfe (in der Erwartung, es selbst zu sein). Solons Antwort (siehe oben) gab ihm zu denken. Als Kroisos nach einem gescheiterten Feldzug gegen den Perserkönig Kyros auf dem Scheiterhaufen enden sollte, rief er von Flammen umzüngelt dreimal laut den Namen Solons. Schließlich brachte ein heftiger Regen das Feuer zum Ersticken – und Kyros ließ den Lyderkönig am Leben, machte indes sein Land zur persischen Provinz. Solon war es, der um 590 v. Chr. mit seiner Staatsreform die Demokratie in Athen begründete. Er versuchte nach eigenen Worten, die politischen Verhältnisse in eine „Eunomie", d.h. eine gute Ordnung zu bringen, in der *alles im menschlichen Bereich ist, wie es sein soll, und zwar vernünftig.*

Wir steigen in denselben Fluss und doch nicht in denselben. Wir sind es und wir sind es nicht. Mit diesem Satz lehrte Heraklit, einer der Begründer der griechischen Philosophie (geb. um 540 v. Chr.), alles Seiende im Zusammenhang zwischen Werden und Vergehen zu begreifen. In der knappsten Formel sagte er in einem anderen Satz dasselbe: *Alles fließt.* Es gibt von ihm nur Fragmente, darunter auch Spruchweisheiten wie diese: *Der Krieg ist der Vater von allem. – Der Charakter ist das Schicksal des Menschen. – Ein Leben ohne Fest ist wie eine Reise ohne Gasthaus.*

Wanderer, kommst du nach Sparta, kündige dort, du habest uns hier liegen gesehen, wie das Gesetz es befahl. Der Spartanerkönig Leonidas verteidigte mit 300 Mann im Jahr 480 v. Chr. den Engpass der Thermopylen gegen das vordringende Perserheer so lange, bis alle seine Krieger gefallen waren. Sie wurden als Helden verehrt, die den Griechen Zeit zur Verstärkung verschafft und so schließlich ihren Sieg über die Perser ermöglicht hatten. Der Gedenkspruch wird meist in der Form zitiert, die Schiller durch seine Übersetzung geschaffen hat.

Aus der großen Zeit Athens lohnt es sich, ein paar große Worte großer Männer zu zitieren. *Wir leben in einer Staatsverfassung, die Demokratie (= Volksherrschaft) heißt, weil sie nicht Sache weniger Männer, sondern diejenige der großen Mehrzahl der Bürger ist* … So sprach Perikles, der führende Mann in Athen, in einer Leichenrede im Jahre 431 v. Chr.; im weiteren Verlauf seiner Rede erklärte Perikles zum Thema der Bürgerbeteiligung am öffentlichen Leben: *Wer an den Angelegenheiten seiner Stadt keinen Anteil nimmt, ist nicht ein stiller, sondern ein schlechter Bürger.* Die Grande Dame der bundesdeutschen Liberalen, Hildegard Hamm-Brücher, wählte den Satz als Motto für das Kapitel „Demokratie als Lebensform“ in ihrer Autobiographie (1996). Und noch ein Satz aus der großen Periklesrede: *Armut zu bekennen, bringt niemandem Schande, wohl aber, sich ihrer nicht durch Arbeit entwinden zu wollen.* Von den großen Philosophen Athens sind u.a. die Sätze überliefert: *Ich weiß, dass ich nichts weiß* (Sokrates). *Ein Staat ist glücklich durch das Glück seiner Bürger* (Platon). *Das wahre Ziel des Gemeinwesens ist das gute Leben der Menschen* (Aristoteles). Unvergessen ist die Redewendung aus Athen: *Man soll keine Eulen nach Athen tragen.* Die Eule (der Steinkauz) war das Symbol der Stadtgöttin Pallas Athena und das Wappenbild der wichtigsten Münze Athens, der Silberdrachme. Der besondere Reichtum Athens beruhte auf der Ausbeute der reichen Silbervorkommen in Laurion. Man brauchte also keine Silberdrachmen („Eulen“) nach Athen zu bringen. Die kleinste Münze war übrigens ein Obolus. Wenn wir meinen, *jeder habe seinen Obolus zu entrichten*, erinnert das daran, dass man den Verstorbenen einen Obolus in den Mund legte, mit dem er dem Mythos zufolge Charon, dem Fährmann der Unterwelt, die Überfahrt über den Grenzfluss Styx bezahlen konnte.

Er durchschlug den Gordischen Knoten. Nach einem Orakelspruch sollte der, der im Zeustempel der anatolischen Stadt Gordion einen kunstvoll geflochtenen Knoten aufzulösen vermochte, ganz Asien beherrschen. Es war Alexander der Große, der ihn auf seinem Feldzug gegen den Perserkönig Dareios mit dem Schwert durchschlug. Er besiegte daraufhin in der Schlacht bei Issos im Jahr 333 v. Chr. das Perserheer (daher der Merksatz *Drei, drei, drei – bei Issus Keilerei*) und begründete so sein Weltreich.

7.2 Merksätze zur Geschichte der Römer

Auch Rom wurde nicht an einem Tage erbaut. Diese Redensart erinnert sehr sanft daran, dass „das ewige Rom" erst nach langen Jahrhunderten in der Kaiserzeit zur Weltstadt wurde. Noch im Jahr 387 v. Chr. erlebte es durch die Gallier (= Kelten) eine furchtbare Niederlage. Darauf bezieht sich der Satz: *Wehe den Besiegten!* (Vae victis!). Das rief der Anführer der Gallier nach der Besetzung Roms den Römern zu. Diese mussten den Abzug der Feinde mit einem hohen Lösegeld in Gold erkaufen. Als ein Römer Einspruch gegen die gefälschten Gewichte der Kelten erhob, warf deren Heerführer mit dem o.g. Ruf auch noch sein Schwert in die Waagschale. Darauf geht das Geflügelte Wort zurück *Sein Schwert in die Waagschale werfen.*

Die größte Bedrohung Roms bildeten fast hundert Jahre lang die Karthager. Ihr Feldherr Hannibal hätte nach dem Sieg bei Cannae 216 v. Chr. beinahe die Stadt erobert. *Hannibal ante portas (= Hannibal steht vor den Toren,* so hieß es künftig, wenn äußerste Gefahr drohte). Korrekt zitiert lautet die Formel, die von Cicero stammt, allerdings *Hannibal ad portas* (Hannibal an den Stadttoren). Aber dann nahmen die Römer den Puniern (Karthagern) Sizilien und besetzten die Stadt Syrakus. Dort lebte Archimedes, ein genialer Mathematiker (er entdeckte die Hebelgesetze, berechnete die Quadratwurzel und vieles mehr). Er soll den sprichwörtlich gewordenen Satz *Störe nicht meine Kreise!* einem Soldaten zugerufen haben, der in seinen Garten eindrang, wo der Gelehrte gerade geometrische Figuren in den Sand zeichnete. Heute verwendet man den Satz im übertragenen Sinn *Dring nicht in meine Sphäre ein!* Der Senator Cato war es, der in jeder Senatssitzung forderte: *Im Übrigen bin ich der Meinung, dass*

Karthago zerstört werden muss. (Im Original: *Ceterum censeo Carthaginem esse delendam*).

Eine entscheidende Wende der römischen Geschichte leitete Caesar ein. Sein Satz *Alea iacta est = der Würfel ist geworfen* vom 10./11. Januar des Jahres 49 v. Chr. signalisiert diese Wende. An diesem Tag überschritt er mit seinen Truppen den Grenzfluss Rubico, womit er den Bürgerkrieg gegen Pompeius eröffnete, um die Alleinherrschaft zu erkämpfen. Daher auch die Warnung, *den Rubikon nicht zu überschreiten.* Die gängige Übersetzung von „alea iacta est = der Würfel ist gefallen" ist irreführend. Der Ausspruch meint vielmehr *Das Wagnis ist eingegangen* oder einfacher *Ich riskiere es!* bzw. in der von Form, die Ulrich von Hutten als Leitspruch wählte: *Ich hab's gewagt!* Von Caesar sind weitere Aussprüche zu Geflügelten Worten geworden, u.a. *Veni, vidi, vici* = Ich kam, ich sah, ich siegte, oder *Lieber der Erste hier (*in einem armseligen Alpendorf*) als in Rom der Zweite!* Den geläufigen Ausspruch „Veni, vidi, vici" soll Kaiser Karl V. für sich mit einer Änderung des Schlusses in Anspruch genommen haben, indem er statt „vici = ich siegte" erklärte: „deus vicit = Gott aber siegte."

Bei Philippi sehen wir uns wieder. Ein böser Dämon soll Brutus, dem einen Mörder Caesars, diesen Satz zugeraunt haben, so berichtet Plutarch. Shakespeare griff die Formulierung in seinem Drama „Julius Caesar" (4, 3) auf. Im Herbst des Jahres 42 v. Chr. kam es bei Philippi tatsächlich zur Entscheidungsschlacht, in der Brutus gegen Antonius und Oktavian unterlag, worauf er Selbstmord beging. Schließlich errang Oktavian die Alleinherrschaft und begründete als Kaiser Augustus den römischen Prinzipat.

Varus, gib mir meine Legionen wieder! So rief Kaiser Augustus aus, als ihm die Nachricht von der vernichtenden Niederlage des Feldherrn Varus im Teutoburger Wald im Jahr 9 n. Chr. überbracht wurde. Mit dem Sieg über die Römer hatte Arminius verhindert, dass Rom sein Imperium auf ganz Germanien ausweiten konnte. *Gib acht, dass du nicht verkaiserst und dass das Amt nicht auf dich abfärbt: Das gibt es nämlich.* Den Satz schrieb Marc Aurel (geb. 121), „der Philosoph auf dem Kaiserthron" (161-180) in seinen auf Griechisch verfassten „Selbstbetrachtungen". Er war hochgeschätzt von den meisten seiner Zeitgenossen wegen der humanen Regierung im Innern und der Befriedung des Reiches an seinen Grenzen. Seine von der Stoa geprägten „Selbstbetrachtungen" wurden von der Aufklärung gefeiert. Im Ersten Weltkrieg wurden sie als Tornisterschrift Zehntausenden Soldaten zur Erbauung mitgegeben.

In der Spätantike ragen u.a. zwei Großereignisse aus der Geschichte Roms hervor: Die Christianisierung und die Völkerwanderung. Die Worte *In diesem Zeichen wirst du siegen!* soll Kaiser Konstantin (der Große) vor der Schlacht an der Milvischen Brücke bei Rom gegen seinen Mitregenten Maxentius im Jahr 312 am Himmel unter einem Kreuz erkannt haben, worauf er das Christusmonogramm als eine Art Feldzeichen verwendete. Tatsächlich brachte die Schlacht ihm den Sieg. In der Folge machte er das Christentum zur staatlich anerkannten und geförderten Religion im Römerreich.

Durch das Papsttum gewann Rom eine neue Bedeutung. *Rom hat gesprochen, die Sache ist abgeschlossen.* In der lateinischen Form *Roma locuta, causa finita* verwandte der Kirchenlehrer Augustinus den Satz in seinen Predigten. Praktisch angewandt wurde der Grundsatz unter Papst Leo dem Großen (440-461); seitdem beanspruchte *der Apostolische Stuhl* in Rom eine Führungsrolle in der Christenheit mit dem Recht, bei unterschiedlichen Lehrmeinungen die Sache zu entscheiden.

7.3 Formeln aus dem Mittelalter

Bete und arbeite! (Lateinisch: *Ora et labora*) wurde zum Wahlspruch des in der Mitte des 6. Jahrhunderts wohl in Monte Cassino gegründeten Benediktinerordens. Er nannte sich nach dem Gründer Benedikt von Nursia, der den Ehrentitel *Vater des Abendlandes* bekam. Die Formel steht nicht so in der von ihm verfassten Ordensregel. Sie stammt erst aus dem Spätmittelalter, entspricht aber dem Geist und der Praxis des Benediktinischen Mönchtums.

Kaiser Karl (768-814) hat die Beinamen *der Große, der Heilige, der Sachsenschlächter.* Drei Titel des Mannes, den der Papst am Weihnachtstag des Jahres 800 zum Kaiser des Römischen Reiches krönte. Alle drei Bezeichnungen treffen wohl bedingt zu und bestätigen die Ambivalenz und Widersprüchlichkeit sprichwörtlicher Wendungen – wie auch der Wirklichkeit. Im schwersten Konflikt zwischen Papsttum und Kaisertum, dem sogenannten Investiturstreit, standen sich König Heinrich IV. und Papst Gregor VII. gegenüber. Die Formel *Den Gang nach Canossa antreten* bezieht sich auf den Bußgang des Königs im Jahr 1077, als er sich im Büßerhemd vor der Burg Canossa in Tuszien dem Papst unterwarf, um dadurch die Befreiung vom Kirchenbann zu erlangen. Er erreichte seine Absicht, doch viele hielten den „Gang nach Canossa" für eine unnötige Demütigung. Einer der großen Kaiser des Hochmittelalters, der Staufer Friedrich I. (1152-1190), starb auf einem Kreuzzug. Von dem Kreuzzug handelt Ludwig Uhlands „Schwäbische Kunde" mit den Versen: *Als Kaiser Rotbart lobesam zum Heilgen Land gezogen kam* ... Der Stauferkaiser befand sich auf dem Weg nach Jerusalem, als er am 10. Juni 1190 im Fluss Saleph ertrank. Die Kreuzzüge standen übrigens unter dem Motto *Gott will es!* Das Andenken an Barbarossa ehrt seine Devise *Ein Kaiser sei niemandem untertan als Gott und der Gerechtigkeit.* Der Enkel Barbarossas, Kaiser Friedrich II. (1212-1250), wurde von den Zeitgenossen als *Stupor mundi = Der die Welt in Erstaunen versetzt* bezeichnet. Er hat wie kein anderer das mittelalterliche Reich zu modernisieren verstanden. Hoch begabt, vielseitig gebildet, aufgeschlossen für Neues, für politische Neuerungen wie für naturwissenschaftliche Erkenntnisse, öffnete er den kaiserlichen Hof in Palermo für griechische, arabische und jüdische Einflüsse, um diese dem lateinischen Christentum zu integrieren. So hat er wahrhaft *die Welt in Erstaunen versetzt.*

Nackt dem nackten Christus folgen! Unter diesem Motto vollzog der reiche Kaufmannssohn Franz von Assisi eine Kehrtwende seines Lebens, um fortan „Frau Armut als seine Braut" zu wählen. 1208 gründete er den Bettelorden der Franziskaner, der sich nach der Anerkennung durch den Papst rasch in ganz Europa ausbreitete. Man nannte die Mönche des Heiligen Franz „Barfüßer", weil sie keine Schuhe trugen und mit einer Kutte aus grobem Stoff gekleidet waren, gegürtet mit einem Strick.

Stadtluft macht frei. Dieser Rechtsgrundsatz war zwar nicht als verbrieftes Recht ausgewiesen, entsprach aber allenthalben der Praxis der mittelalterlichen Städte. Wer als Unfreier in eine ummauerte Stadt zog, wurde dort freier Bürger, wenn sein Herr nicht innerhalb Jahresfrist (nach gängiger Formel *binnen Jahr und Tag*) seine Rechte an ihm geltend machte. Weitere Redewendungen erinnern an die mittelalterliche Stadt, z.B. *Bürger und Bauer trennt nichts als die Mauer.* Während Dörfer nur mit einem Zaun umgeben waren, schützten sich die Städte mit einer Mauer. Sie gehörte zu den drei Merkmalen der Stadt, den „drei M": Mauer, Markt und Magistrat. An den Kontrollgang der Nachtwächter erinnert der Liedanfang *Hört ihr Leute, lasst euch sagen,* (unsre Uhr hat soundsoviel geschlagen).

Die kaiserlose, die schreckliche Zeit. Dieser Ausdruck bezieht sich auf die Zeit des Interregnums, als sich nach dem Tod von König Konrad IV. 1254 die Reichsfürsten nicht auf einen Nachfolger einigen konnten. Es kam zu einer Doppelwahl, das Reich geriet in eine schwere Krise bis zur Neuwahl 1273, in der Rudolf von Habsburg zum König gewählt wurde. Mit ihm endete die „kaiserlose, die schreckliche Zeit". So hat sie Schiller in der Ballade „Der Graf von Habsburg" bezeichnet. In jener Epoche des Spätmittelalters bestimmten vor allem die Landesfürsten die politische Entwicklung. Die Rivalität untereinander verursachte viele Kriege, die man beschönigend „Fehden" nannte. Als der badische Markgraf Christoph von anderen Landesfürsten im Jahr 1499 gedrängt wurde, dem von Bayern bedrohten Kurfürsten von der Pfalz ein Stück seines

Landes zu entreißen, begründete er seine Vertragstreue mit den Worten *Ehr und Eid gelten mehr als Land und Leut!* Man hat diese Formel oft als stehende Wendung zitiert, um auch andere Territorialfürsten zur Anerkennung von Verträgen zu ermahnen.

7.4 Kennworte aus der Epochenwende

Der Abschnitt beginnt mit zwei Beispielen zum Thema „Geld“, das zur Zeit der Wende vom Mittelalter zur Neuzeit eine zentrale Bedeutung bekam. Daran erinnert nicht nur der von Sebastian Brant schon eingangs zitierte Satz *Geld regiert die Welt*, sondern auch die von einem italienischen Kaufmann jener Zeit überlieferte Sentenz *Zeit ist Geld.* Von Thomas Jefferson, dem Verfasser der amerikanischen Unabhängigkeitserklärung von 1776, bleibt zu beherzigen: *Verfüge niemals über Geld, ehe du es hast!*

Wer den Pfennig nicht ehrt, ist des Talers nicht wert. Der Pfennig (in der Regel aus Kupfer) war die kleinste Münze seit dem Frühmittelalter; sie entsprach dem römischen Denar. Für größere Beträge verwendete man im Spätmittelalter Silbermünzen, die zunächst in Tirol geprägt wurden. Seit 1519 setzte sich der im böhmischen Joachimsthal gemünzte „Joachimsthaler“ – kurz „T(h)aler“ genannt – durch. Er enthielt ca. 30 Gramm Silber.

Zum Kriegführen braucht es dreierlei Dinge: Geld, Geld und nochmals Geld! Der Ausspruch stammt von einem der italienischen Condottiere (=Söldnerführer), die zur Zeit der Renaissance ihre eigenen militärischen Einheiten kriegführenden Staaten gegen Geld zur Verfügung stellten.

Der Satz *Kriegführen lasse die andern, du, glückliches Österreich, heirate!* war ursprünglich nur in lateinischer Sprache gebraucht worden: *Bella gerant alii, tu, felix Austria, nube!* Er entsprach der Politik des Hauses Österreich bzw. der Habsburgerdynastie. Erstmals erwies sich diese Devise für Kaiser Maximilian I. (1459-1519) als höchst erfolgreich. Er wurde mit der Universalerbin von Burgund verheiratet, wodurch sich sein Reich bis nach Flandern erweiterte. Durch die Heirat seines

Sohnes mit der spanischen Thronerbin vereinten die Habsburger auch die spanische Herrschaft (samt den Kolonien in Übersee) zu einem *Weltreich, in dem die Sonne nicht unterging*, um einen weiteren Merkspruch zum Hause Habsburg zu zitieren.

7.5 Schlagworte der Frühen Neuzeit

Es ist eine Lust zu leben, schrieb Ulrich von Hutten seinem Humanistenfreund Willibald Pirckheimer 1518 und gab damit der Neuen Zeit eine Signatur. *Ich möchte Weltbürger sein, überall zu Hause und, was noch entscheidender ist, überall unterwegs*: Dies war eine Devise des Erasmus von Rotterdam. – Als schlimmen Missbrauch der alten Kirche kritisierte Hans Sachs in der „Wittenberger Nachtigall" 1523 den Satz des Ablasspredigers Johann Tetzel: *Sobald das Geld im Kasten klingt, die Seele in den Himmel springt.* – *Die Welt ist rund und kugelförmig* (schrieb Enea Silvio Piccolomini in seiner Weltgeschichte). – *Paris ist eine Messe wert* (Heinrich von Navarra zur Rechtfertigung seines Übertritts zum Katholizismus 1593, um als Heinrich IV. König von Frankreich zu werden). – *Es gilt nach Adam Riese* …: Nach dem Verfasser beliebter Rechenbücher namens Adam Riese, gest. 1559. – *Der König herrscht, aber er regiert nicht* (Vorwurf im polnischen Reichstag um 1600). – *Und sie bewegt sich doch!* (So soll nach einer erfundenen Legende Galileo Galilei 1633 gesagt haben nach dem erzwungenen Widerruf seiner Lehre, dass sich die Erde um die Sonne dreht).

Am Anfang der Neuzeit stand die Entdeckung der „Neuen Welt" durch Kolumbus. Sprichwörtlich geworden ist *das Ei des Kolumbus.* Die Redensart, mit der man eine überraschend einfache Lösung eines Problems kennzeichnet, geht auf folgende Anekdote zurück, die in einer „Geschichte der Neuen Welt" von Kolumbus erzählt wird: Nach der Rückkehr von der ersten Entdeckungsreise 1492/93 soll ein Kardinal bei einem Festmahl zu Ehren des Entdeckers die Meinung geäußert haben, eigentlich sei die Unternehmung gar nicht so schwierig gewesen. Darauf habe Kolumbus ein Ei genommen und gefragt, wer es auf eine seiner beiden Spitzen stellen könne. Da niemand sich dazu imstande zeigte, nahm er es und schlug das eine Ende auf den Tisch und siehe: Das Ei blieb stehen. Genial einfach!

Ein zweites Großereignis zu Beginn der Neuzeit war die Reformation. Ihre Sprengkraft bekam sie mit den heroischen Worten Martin Luthers vor dem Reichstag zu Worms 1521: *Hier stehe ich. Ich kann nicht anders. Gott helfe mir, Amen.* Mit diesen Satz soll sich Luther vor dem Kaiser und den Reichsfürsten geweigert haben, seine Lehren zu widerrufen. Darauf wurde mit dem Wormser Edikt die Reichsacht über ihn verhängt. Von dem oben zitierten Satz ist allerdings nur der Schluss bezeugt: *Gott helfe mir, Amen.* Vor dem Gang zum Reichstag hatte der Feldhauptmann Frundsberg Luther mit den Worten gewarnt: *Mönchlein, Mönchlein, du gehst einen schweren Gang!*

Ein Bollwerk gegen die Reformation bildeten die Jesuiten. Zu ihrem Wahlspruch wurde der Ausdruck *Zur größeren Ehre Gottes!* Ignatius von Loyola (1491-1556), der Gründer und erste General der Jesuiten, übernahm diese Devise vielleicht aus einem Schlussdokument des Konzils von Trient (1545-1563), in dem sich die katholische Kirche von den Protestanten abgrenzte und ihre eigene Erneuerung begründete. Die Formel findet sich auch schon bei Papst Gregor dem Großen.

Der Augsburger Religionsfriede von 1555 begründete die Gleichberechtigung von Katholiken und Protestanten im Reich und bestimmte: *Cuius regio, eius religio* = Wem das Land gehört, der bestimmt auch die Religion. Dieser Grundsatz regelte die konfessionellen Verhältnisse und legte fest, dass sich die Untertanen der Konfession des Landesherrn anzuschließen haben bzw. dass dieser mit seinem Bekenntnis zu entscheiden hatte, welcher Kirche die Bewohner seines Territoriums angehören.

7.6 Vom Absolutismus zur Französischen Revolution

Die Staatsform des Absolutismus wird gern mit dem Ausspruch umschrieben *Der Staat, das bin ich.* Die Formel wird dem französischen

König Ludwig XIV. zugeschrieben. Er hat sie nicht wörtlich ausgesprochen, dachte und handelte jedoch danach. Wie die Herrscher seiner Zeit war er vom Prinzip des Gottesgnadentums überzeugt, so erklärt sich sein Ausspruch: *Gott, der die Könige über die Menschen gesetzt hat, hat gewollt, dass man sie als seine Stellvertreter achte.* Der preußische König Friedrich Wilhelm I. betonte 1716 seine unerschütterliche Herrschaft mit den Worten *Ich stabiliere die Souveränität und setze die Krone fest wie einen rocher de bronce* (= wie einen Fels von Erz). Als wichtigste Grundlage der absolutistischen Herrschaft galt das „stehende Heer", d.h. eine ständig verfügbare Armee. Trotz der militärischen Stärke des preußischen Heeres galt: *So schnell schießen die Preußen nicht.* Möglicherweise stammt die Redensart aus der Zeit, als die preußische Armee das Hinterladergewehr einführte, aber die neue Technik noch nicht eingeübt hatte. Aus dem preußischen Militär stammen auch die Wendungen *Die Flinte ins Korn werfen* (um zu desertieren) und *Ab durch die Mitte* (nämlich zum Spießrutenlaufen).

Nichts hat die geistige Welt in der Neuzeit so sehr verändert wie die Aufklärung. Der Königsberger Philosoph Immanuel Kant definierte sie so: *Aufklärung ist der Ausgang des Menschen aus seiner selbst verschuldeten Unmündigkeit.* Andere Sätze von Kant sind ebenfalls zu Geflügelten Worten geworden, zum Beispiel: *Der bestirnte Himmel über mir und das moralische Gesetz in mir*; sie bezeichnete er als das, was ihn mit immer neuer zunehmender Bewunderung und Ehrfurcht erfülle. Zu den Merksprüchen Kants gehört sein Kategorischer Imperativ *Handle so, dass die Maxime deines Willens jederzeit zugleich als Prinzip einer allgemeinen Gesetzgebung gelten könne.* Bedenkenswert ist auch sein Satz *Wenn man Erfinder sein will, so verlangt man der Erste zu sein. Will man nur Wahrheit, verlangt man Vorgänger.*

Der Fürst ist der erste Diener seines Staates. Mit diesem Motto schuf der Preußenkönig Friedrich II. der Große eine feste Formel zur Charakterisierung des „Aufgeklärten Absolutismus". Von ihm sind weitere Aussprüche zu Geflügelten Worten geworden, zum Beispiel:

Die Religionen müssen alle toleriert werden, denn hier muss jeder nach seiner Fasson selig werden. – Gott ist immer mit den stärksten Bataillonen. – Immer auf dem Posten sein. Mit dem letzten Satz bezeichnete er ein Prinzip der Regierung Preußens.

Die ganze Weltgeschichte nahm mit der Französischen Revolution eine neue Richtung. Ein entscheidender Grund-Satz dafür lautet: *Die Menschen werden frei und gleich an Rechten geboren und bleiben es.* Mit diesem Satz beginnt die Erklärung der Menschen- und Bürgerrechte durch die Nationalversammlung Frankreichs am 26. August 1789. Weitere Prinzipien der Großen Französischen Revolution waren für die 1792 proklamierte Republik *Freiheit, Gleichheit, Brüderlichkeit* und für den Revolutionären Krieg die Parole *Krieg den Palästen, Friede den Hütten!* Nach einem ersten Sieg der Revolutionstruppen bei der Kanonade von Valmy notierte Goethe, der sie als Augenzeuge beobachtet hatte: *Von hier und heute geht eine neue Weltgeschichte aus, und ihr könnt sagen, ihr seid dabei gewesen.*

Mit dem Ausspruch *Jeder Soldat trägt den Marschallstab Frankreichs in seinem Tornister* stimulierte Napoleon I. (1769-1821) den Ehrgeiz der durch eine *Levée en masse* (eine allgemeine Volksbewaffnung oder Wehrpflicht) einberufenen Soldaten. Er verstand die Armee immer wieder neu zu motivieren, z.B. auf dem Ägyptenfeldzug mit den Worten *Von diesen Pyramiden blicken vierzig Jahrhunderte auf euch herab.* Aus seinen Leitsätzen zwei Beispiele: *Unmöglich ist kein französisches Wort.* Und *Der Nachruhm ist die wahre Unsterblichkeit der Seele.* Nach Napoleons gescheitertem Russlandfeldzug rief der preußische König Friedrich Wilhelm IV. in dem Appell „An mein Volk“ 1813 das Land zum Widerstand gegen den „Empereur“ Napoleon auf. *Mit Gott für König und Vaterland!* So hieß der Wahlspruch der preußischen Landwehr in den Befreiungskriegen. Am Ende erlebte Napoleon schließlich bei Waterloo 1815 die entscheidende Niederlage. Daher die Redensart *Sein Waterloo erleben.* Zum Geflügelten Wort wurde der dem britischen Heerführer Wellington fälschlich zugesprochene Satz *Ich wollt', es wäre*

Nacht, und die Preußen kämen. Den preußischen Oberbefehl hatte der beliebte Blücher, den man *Marschall Vorwärts* nannte.

7.7 Vom langen 19. Jahrhundert

Die folgenden Schlagworte charakterisieren jeweils einzelne Stationen in der ersten Hälfte des 19. Jahrhunderts: *Verrat in der Politik ist in erster Linie eine Frage des Datums* (eine böse These Talleyrands). *Der Kongress macht keine Fortschritte, er tanzt* (Fürst von Ligne über den Wiener Kongress 1814/15). *Der Krieg ist die Fortsetzung der Politik mit anderen Mitteln* (Carl von Clausewitz 1831/32). *Einigkeit und Recht und Freiheit für das deutsche Vaterland* (Hoffman von Fallersleben 1841. Das Lied wurde 1922 zur deutschen Nationalhymne erklärt). *Es wird kein Haupt über Deutschland leuchten, das nicht mit einem Tropfen demokratischen Öls gesalbt ist* (Ludwig Uhland 1849 in der Nationalversammlung der Paulskirche).

Amerika, du hast es besser, schrieb Goethe in den „Zahmen Xenien". Die Monroe-Doktrin von 1823 reklamierte *Amerika den Amerikanern!* Dem General Sheridan wird der zynische Ausspruch *Nur ein toter Indianer ist ein guter Indianer* zugeschrieben, der die partielle Ausrottung indianischer Stämme rechtfertigen sollte. Erst 1903 erhielten die USA das Etikett, *Land der unbegrenzten Möglichkeiten* zu sein (in einem Buch von Ludwig Max Goldhagen).

Der eiserne Kanzler, diesen Beinamen erhielt Otto von Bismarck, der 1862 im preußischen Landtag erklärte, *Nicht durch Reden und Majoritätsbeschlüsse werden die Fragen der Zeit entschieden, ... sondern durch Eisen und Blut.* Aus seinen Reden als Reichskanzler von 1871 bis 1890 sind viele Aussprüche zu Geflügelten Worten geworden, zum Beispiel: *Ich stelle stets das Vaterland über meine Person. – Wir Deutsche fürchten Gott und sonst nichts auf der Welt. – Tapferkeit ist ein Gemeingut deutscher Soldaten. – Politik ist keine Wissenschaft, sondern eine Kunst. – Der Zeitungsschreiber ist ein Mensch, der seinen Beruf verfehlt hat. – Man muss die Karten offenlegen.* Den erzwungenen

Rücktritt des Kanzlers kommentierte eine britische Karikatur mit dem Satz *Der Lotse geht von Bord.* Bismarck selbst nannte seine Entlassung *ein Leichenbegängnis Erster Klasse.*

Ein paar weitere Personen und Ereignisse der zweiten Hälfte des 19. Jahrhunderts spiegeln sich in folgenden Schlagworten. Nicht alle sind weise, aber sie charakterisieren ihre Zeit. *Männer machen die Geschichte* (Heinrich von Treitschke, Historiker). *Der preußische Schulmeister hat die Schlacht von Sadowa gewonnen* (Zeitungsbericht nach dem Sieg Preußens über Österreich 1866 bei Sadowa = Königgrätz). *Glück hat auf die Dauer nur der Tüchtige* (Helmuth Graf von Moltke 1871). *Niemand kann sagen, wo die Kunst beginnt und wo die Arbeit endet* (Rudolf Virchow, Arzt und Politiker). Von ihm stammt auch der Ausdruck *Kulturkampf* für die Auseinandersetzung zwischen Staat und Kirche in den 1870er Jahren. *Lerne leiden, ohne zu klagen. Das ist das Einzige, was ich dich lehren kann* (Der todkranke „Kaiser der hundert Tage", Friedrich III., 1888 gegenüber seinem Sohn und Nachfolger Wilhelm II.). Von Friedrich III. ist auch der Satz zu zitieren *Der Antisemitismus ist eine Schande des Jahrhunderts.*

Markige Sprüche erinnern an den letzten deutschen Kaiser, zum Beispiel: *Ich führe euch herrlichen Zeiten entgegen! – Mit Volldampf voraus!* – Aus Emanuel Geibels Gedicht „Deutschlands Beruf" von 1871 machte Wilhelm II. den Vers zum Geflügelten Wort *Am deutschen Wesen / mag einmal noch die Welt genesen.* Eine andere Parole des Kaisers lautete *Unsere Zukunft liegt auf dem Wasser.* Mit seiner Erklärung *Ich kenne keine Parteien mehr, ich kenne nur noch Deutsche,* proklamierte er beim Ausbruch des Ersten Weltkriegs den „Burgfrieden" im Deutschen Reichstag.

7.8 Markantes zur Neuesten Geschichte

Manche Schlagworte der jüngsten Epoche der Geschichte sind das Gegenteil von weisen Sprüchen. Sie erinnern indes daran, wie viele einer verlogenen Propaganda auf den Leim gingen. Etwa dem

Spruch *Die deutsche Armee ist von hinten erdolcht worden.* So soll der Stabschef des deutschen Heeres Ludendorff nach dem Ende des Ersten Weltkriegs die Niederlage erklärt haben. Daraus entstand die von den Rechtsparteien und später von den Nazis zur Propaganda benutzte Legende, Kommunisten und Sozialdemokraten seien dem *im Felde unbesiegten Frontheer* in den Rücken gefallen. Ganz anders verstand es Friedrich Ebert, der erste Reichspräsident der jungen Republik, dem Staat eine Richtung zu geben mit der Devise: *Jetzt muss der Geist von Weimar, der Geist der großen Philosophen und Dichter, wieder unser Leben füllen.*

Einige Buchtitel des 20. Jahrhunderts sprechen für sich; sie bringen keine Lebensweisheiten, wohl aber ein bestimmtes Lebensgefühl oder Weltbild ihrer Zeit zum Ausdruck: *Der Wille zur Macht* (Friedrich Nietzsche 1906), *Die Waffen nieder* (Bertha von Suttner, Pazifistin, erhielt 1905 den Friedensnobelpreis), *Der Untergang des Abendlandes* (Oswald Spengler, 1918/22), *Das Dritte Reich* (Arthur Moeller van den Bruck 1922), *Im Westen nichts Neues* (Anti-Kriegsbuch von Erich Maria Remarque 1929), *Die Zukunft hat schon begonnen* (Robert Jungk 1952), *Die Grenzen des Wachstums* (Club of Rome 1972).

In der NS-Zeit wurden Propagandasprüche zu Geflügelten Worten, die deutlich den Ungeist des Regimes erkennen lassen. So wurde zum Beispiel der an sich sinnvolle Grundsatz *Gemeinnutz geht vor Eigennutz* missbraucht, um die Freiheit des Einzelnen zu bekämpfen, so auch mit dem Unwort *Du bist nichts, dein Volk ist alles!* Der Jugend wurde eingehämmert, sie müsse *flink wie die Windhunde, zäh wie Leder und hart wie Kruppstahl werden.* Das ganze Volk sollte bekennen: *Führer, befiehl! Wir folgen dir!* An jeder Ladentür, so berichten Zeitzeugen, wurde man auf einem Emailleschild dazu aufgefordert: *Trittst du als Deutscher hier herein, so soll dein Gruß Heil Hitler sein!*

Indes dokumentieren Flüsterwitze den „inneren Widerstand" in der Bevölkerung mit ganz pfiffigen Wendungen. Da hieß es z.B. *Lieber einen König von Gottes Gnaden als einen Führer aus Berchtesgaden.* Oder:

Ehe ich mich hängen lasse, glaub' ich an den Endsieg. Der Spruch ist im Original auf Berlinerisch überliefert: *Eh ick mir hängen lasse, jloob ick an 'n Sieg.* Mit einem Sprichwort spielten die Verse *Es geht alles vorüber, es geht alles vorbei. Erst geht der Hitler, dann geht die Partei.* Viktor Klemperer, der Chronist des geistigen Widerstands mit seinen Tagebüchern „Ich will Zeugnis ablegen ...", schlug vor, im „Dritten Reich" zwei neue Marienfeiertage einzuführen: *Maria denunciata* und *Mariae Hausdurchsuchung.*

Einige weise Worte von Menschen des 20. Jahrhunderts bezeugen die geistige Vielfalt der Epoche: *Ehe die Menschen lernten, Gedanken hervorzubringen, kamen die Gedanken zu ihnen* (Carl Gustav Jung, Tiefenpsychologe). *Der Strom der Wahrheit fließt durch Kanäle des Irrtums* (Rabindranath Tagore, indischer Dichter und Religionsphilosoph). *Gott würfelt nicht* (Albert Einstein, Physiker). *Ein Idealist ist ein Mensch, der anderen Menschen dazu verhilft, zu Wohlstand zu gelangen* (Henry Ford, Automobilkönig). *Tief ist der Brunnen der Vergangenheit* (Thomas Mann, Dichter und Nobelpreisträger). *Man muss sich seiner Herkunft gewiss sein, um sich der Welt öffnen zu können* (Martin Heidegger, Philosoph).

Die Problematik der Entnazifizierung nach der Befreiung von der NS-Diktatur bringen diese Verse zum Ausdruck *Kennst du schon den neusten Dreh? / „Im Innern war ich nie PG* (PG = Parteigenosse)*"!*

Vor Gründung der Bundesrepublik galt der Song *Wir sind die Eingeborenen von Trizonesien* zuweilen als Ersatz für die noch fehlende Nationalhymne. *Das Wunder von Bern,* der Sieg der Deutschen bei der Fußballweltmeisterschaft signalisierte das Wiedererstarken (West-) Deutschlands im Jahr 1954. Im gleichen Jahr wurden von Caterina Valentes Schlager *Ganz Paris träumt von der Liebe* eine halbe Million Schallplatten verkauft.

Mit der Parole *Lasst hundert Blumen blühen und hundert Schulen miteinander wetteifern!* leitete Mao Tse-tung, der Staats- und Parteichef des kommunistischen China, 1956 für kurze Zeit eine gewisse politische Liberalisierung ein. Bald danach änderte er den Kurs mit dem Aufruf zum *großen Sprung nach vorn.* Zahlreiche *Worte des Großen Vorsitzenden* wurden im „Roten Buch" (der sogenannten Mao-Bibel) gesammelt, das millionenfach verlegt wurde.

7.9 Parolen aus unserer Zeit

Wir wollen mehr Demokratie wagen! Mit diesem Satz formulierte Willy Brandt in seiner Regierungserklärung am 28.10.1969 als Kanzler der „sozial-liberalen Koalition" das Leitmotiv seines Reformprogramms. Im weiteren Verlauf seiner Rede sagte Brandt *Wir können nicht die perfekte Demokratie schaffen. Wir wollen eine Gesellschaft, die mehr Freiheit bietet und mehr Mitverantwortung fordert* ... Die Grundthesen Brandts wurden zum politischen Credo einer ganzen Generation. Mit der Devise *Wandel durch Annäherung* prägte Egon Bahr maßgeblich Ziel und Praxis der neuen Ostpolitik der sozialliberalen Regierung.

Von den sogenannten „Achtundsechzigern" stammt die Parole: *Unter den Talaren steckt der Muff von tausend Jahren*, wie man in der Studentenbewegung skandierte. Aus dem Mund der Radikalen hieß es: *Macht kaputt, was euch kaputt macht!* In der Friedensbewegung forderte man mit einem Bibelvers (Micha 4, 3) *Schwerter zu Pflugscharen zu machen* und *Butter statt Kanonen* zu produzieren. Etwas grimmiger, wenn auch leicht paradox, formulierten die radikalen Pazifisten *Kampf dem Krieg!* Überzeugender war demgegenüber die Parole des 1968 ermordeten Bürgerrechtlers Martin Luther King bei seinem Einsatz für den gewaltlosen Widerstand: *Es gibt keinen Weg zum Frieden, wenn nicht der Weg schon Friede ist.*

Die Gnade der späten Geburt. Diese Formulierung des Journalisten Günter Gaus verwendete Bundeskanzler Helmut Kohl und bezog sie auf sich selbst. Auch sein Satz *Entscheidend ist, was hinten raus kommt* gewann den Rang zitierfähiger Sprüche. Als ein Lieblingswort benutzte er ein von dem Zeitungsverleger Axel Caesar Springer aus dem Türkischen importiertes Sprichwort *Die Hunde bellen, aber die Karawane zieht weiter.* Helmut Schmidt hatte als Bundeskanzler einmal gesagt *Wer (in der Politik) Visionen hat, der soll zum Psychiater gehen.* Dem wäre ein Satz des Speyrer Weihbischofs Georgens entgegenzuhalten: *Wer keine Visionen mehr hat, wird bald nur noch Jubiläen feiern.*

Ich bin ein Berliner. Mit diesem Satz begeisterte der amerikanische Präsident Kennedy bei seinem Berlinbesuch am 26. Juni 1963 die Nation. Er übernahm dabei implizit die stolze Formulierung von Cicero „Ich bin ein Römer". Kennedy benutzte einen Spickzettel mit den Worten *Ish bin ein Bearleener.* – *Wer zu spät kommt, den bestraft das Leben.* So soll Michail Gorbatschow bei seinem letzten Staatsbesuch in der todkranken DDR anlässlich des 40. Jahrestags der Gründung der DDR gesagt haben. Das trifft zwar nur dem Sinn nach zu, doch gehört der Satz in dieser Form zu den Geflügelten Worten.

Leider haben sich auch schon solche Worte etabliert, die die Wirklichkeit auf makabre Weise beschönigen wie die Meldung, *das sind Kollateralschäden,* wenn Bomben, die statt Terroristen zu treffen, unschuldige Zivilisten verstümmelt oder ermordet haben. Nicht weniger bedrückend sind Formeln wie *die Achse des Bösen,* womit *der mächtigste Mann auf Erden* die Wirklichkeit verteufelte. Solche *Unworte des Jahres* bringen die Ambivalenz mancher Geflügelten Worte nachdrücklich zu Bewusstsein.

Vielleicht vermisst der eine oder die andere solche Geflügelten Worte, die nicht von Politik und Geistesleben handeln, sondern von Alltagserfahrungen. Man findet sie am ehesten in Schlagertexten oder Werbesprüchen. Auch sie versprechen Lebensweisheiten, wenn auch meist nur solche recht trivialer Art. Manche haben eine durchaus seriöse Herkunft. *Persil bleibt Persil* z.B. soll Elly Heuss-Knapp erfunden haben, die Gattin des ersten Präsidenten unserer Republik. *Berlin bleibt Berlin* hat Walter Kollo schon vor dem Zweiten Weltkrieg in einem Couplet gesungen. Heute lautet der Gag *Berlin bleibt arm, aber sexy.* Von Paul Lincke stammt der Titel der Operette *Das macht die Berliner Luft, Luft, Luft ...* Vielleicht gehört inzwischen auch Drafi Deutschers

Song *Marmor, Stein und Eisen bricht, aber unsere Liebe nicht!* zu den Evergreens. Zu den schon ziemlich unsterblichen Werbespots zählt die Alkoholdevise *Nie war er so wertvoll wie heute* oder der Dauerbrenner von Thomas Gottschalk *Haribo macht Kinder froh und Erwachsene ebenso.* Ganz schön unverfroren werben Sprüche wie *Sicher ist sicher; sicherer ist Allianz-versichert. – Im Falle eines Falles klebt Uhu wirklich alles.* Manche ganz junge Formulierung wurde schnell zum Geflügelten Wort: *Die Hoffnung stirbt zuletzt,* so lautete der Titel eines Fernsehfilms aus dem Jahre 2002 (Buch Fred Breinersdorfer), der bald *in aller Munde* war. Rasch zur beliebten Redewendung wurde auch der Titel, den Alexander Kluge 1983 seinem zeitkritischen Film gab: *In Gefahr und höchster Not bringt der Mittelweg den Tod.*

Zum Schluss dieses Kapitels mögen noch zwei Bundespräsidenten zu Wort kommen: *Durch Deutschland muss ein Ruck gehen.* Roman Herzog rief als Bundespräsident mit diesem Satz 1997 zu größeren Anstrengungen auf, und zwar in einer Zeit anhaltender Rezession. *Trau keinem Zitat, das du nicht eigenhändig aus dem Zusammenhang gerissen hast.* So äußerte sich ironisch Herzogs Nachfolger Johannes Rau.

Geschichte kennt keinen Stillstand. Neue Personen, neue Stationen wird man wiederum mit markanten Sätzen kennzeichnen. Alles ist Transformation. Wohl aber gilt, was der römische Dichter Ovid vor fast zweitausend Jahren geschrieben hat: *Alles verändert sich, doch nichts geht verloren.* Ganz pointiert erklärte der ungarische Schriftsteller-Philosoph György Konrád *Die Wirklichkeit ist nur gewesen* (in „Das Buch Kalligaro" 2007). Was auf uns zukommt, *das weiß man nicht vor nachher.* So zitierte Rüdiger Safranski seinen dreijährigen Neffen.

8. Von Humoristen und Parodisten: Geistreiches witzig und zugespitzt

Wer schaffen will, muss fröhlich sein. Diese Devise hat Theodor Fontane nicht nur den Kollegen von der schreibenden Zunft ins Stammbuch geschrieben. Gewiss soll das Schreiben Freude machen und das Lesen ebenso. Es soll „Spaß machen", wie heutzutage die meisten meinen, wobei man freilich bei dem Ausdruck „Spaßgesellschaft" primär an die Sucht nach billigem Vergnügen denkt. Im Sprichwort heißt es *Arbeit macht das Leben süß*, dem fügte ein Spaßvogel hinzu: *Doch ich hab' Angst vor Karies.* Wenn nun das Lesen zugespitzter Wendungen „Spaß machen soll", dann ist damit gewiss nicht nur das Feeling gemeint. Witz und witzig meinten ursprünglich Klugheit und Verstand mit dem zugehörigen Adjektiv. Das schwingt in den Worten „Mutterwitz" und „gewitzt" noch mit. So können auch witzige Wendungen es durchaus in sich haben und zu denken geben. Es bietet sich an, die humoristischen und/oder parodistischen Wendungen als eine eigene Gruppe oder Kategorie in diesem gesonderten Kapitel zusammenzufügen.

8.1 Wort- und Sprachspielereien

Worauf beruht der „Spaß" oder vielmehr der besondere Reiz von Humor und Parodie? Es ist zum einen die Verquickung von Bekanntem mit überraschend Anderem, wodurch ein Gedanke jeweils eine unerwartete Wendung nimmt. Zum anderen „spielen" Humoristen wie auch Parodisten gern mit der Diskrepanz zwischen Inhalt und Form einer Aussage. So wenn jemand beispielsweise der Melodie des Liedes „Freut euch des Lebens ..." die Verse von der Großmutter unterlegt, die er „mit der Sense rasiert." Überhaupt gehören Wort- und Sprachspiele zu den beliebtesten „Hausmitteln" der Humoristen und Parodisten, wie die folgenden Beispiele bezeugen.

Aus *Steter Tropfen höhlt den Stein* machte ein Witzbold *Steter Tropfen höhlt die Leber.* Ähnlich die Parodie: *Aller Anfang ist schwer, sprach der Dieb und stahl einen Ambos.* Schon aus alter Zeit stammen die Wendungen *Im Becher ersaufen mehr Leute als im Meer. – Er nimmt's unbesehen wie der Stier die Kuh. – Fische, die bellen, die beißen nicht.* Von Lichtenberg lautet ein Bonmot (ein bon mot = ein gutes Wort): *Die Pfarrer bauen den Acker Gottes, die Ärzte den Gottesacker* (= den Friedhof). Aus dem 19. Jahrhundert stammt der Spruch: *Gehe nie zu deinem Fürst, ehe du gerufen wirst!* Pfiffig formuliert hat Viktor von Scheffel im „Trompeter von Säckingen" Verse wie diese: *Es ist im Leben hässlich eingerichtet, dass bei den Rosen gleich die Dornen steh'n.* Wie man mit Worten möglichst genau umgehen soll, zeigt der Spruch *Wenn du zum Arzt gehst, so ist das zwar oft vergebens, aber niemals umsonst.* Gleiches gilt für das Wortspiel *Ärzte lassen sich nieder, manche sogar herab.* Noch zugespitzter ist die Wortwahl in diesen beiden Wendungen: *Urteile kann man revidieren, Vorurteile nicht,* und *Man kann sein Gewissen betrügen, aber nicht täuschen.*

Oft führen kleine Änderungen in der Formulierung zu einer witzigen Wendung. Aus *Guter Rat ist teuer* wurde *Guter Staat ist teuer.* Aus *Irren ist menschlich* wurde *Irren ist männlich.* Aus *Alte Liebe rostet nicht* wurde *Alte Liebe kostet nichts.* Von *Not lehrt beten* kam man zu *Not lehrt betteln.* Statt *Ein Unglück kommt selten allein* heißt es *Ein Zwilling kommt selten allein.* Aus *Zu viele Köche verderben den Brei* machte einer *Zu viele Köche verderben die Köchin.* Aus *Schönheit vergeht, Tugend besteht* machte Karl Kraus *Schönheit vergeht, weil Tugend besteht.* Eine andere Version lautet *Schönheit vergeht, Schminke besteht.* Gereimt wird auf *Die Gelehrten – die Verkehrten.* Manche halten *Konsens für Nonsens.* Zu Erich Kästners *Es gibt nichts Gutes, außer man tut es* sei an ein altes Sprichwort erinnert *Wer nichts Gutes tut, tut schon Böses genug.* Johannes Bobrowski machte aus dem gereimten Vers *Sprich, was wahr ist, trink, was klar ist* die Wendung *Rede wenig, aber klar; trinke wenig, zahle bar.* Ein Spiel mit Worten war es wohl auch, das Goethe zu den Versen motivierte:

„Wasser allein macht stumm, das beweisen im Teiche die Fische;

Wein allein macht dumm, wie die Herren am Nebentische.

Weil ich keines von beiden will sein,

trinke ich Wasser gemischt mit Wein."

Das so gemischte Getränk nennt man übrigens im deutschen Südwesten eine „Schorle".
Eine andere Art des Sprachwitzes findet man z.B. in Christian Morgensterns Gedicht vom Wiesel: *Ein Wiesel / saß auf einem Kiesel / inmitten Bachgeriesel. / Wisst ihr, / weshalb? / Das Mondkalb / verriet es mir / im Stillen: / Das raffinier- / te Tier / tats um des Reimes willen.* Gedichte reizen Parodisten dazu, sie mit Humor umzugestalten wie das Goethes „Erlkönig" mit der Kurzform geschah: *Vater und Kind / reiten im Wind. / Fragt böser Mann, / ob er Bubi haben kann. / Vater verneint./ Bubi weint. / Große Not. / Vater lebendig. / Bubi tot.*

Diese zitierte Parodie geht ebenso wie die folgende Aufzählung auf Zitate in dem pfiffigen Buch von Hans-Martin Gauger „Das ist bei uns nicht Ouzo. Sprachwitze" (2006) zurück. Dort werden verschiedene redensartige Ausdrücke auf das Sterben in einzelnen Berufen angewandt:

Der Bauer beißt ins Gras;

der Koch gibt den Löffel ab;

die Putzfrau kehrt nicht wieder;

den Elektriker trifft der Schlag;

der Optiker schließt für immer die Augen;

der Anwalt steht vor dem Jüngsten Gericht;

der Automechaniker kommt unter die Räder;

der Schaffner liegt in den letzten Zügen;

der Tenor hört die Engelein singen;

der Pfarrer segnet das Zeitliche;

der Rabbi geht über den Jordan.

Unter den Dichtern der Moderne pflegten neben Christan Morgenstern vor allem Joachim Ringelnatz und Erich Kästner meisterhaft den Wortwitz. Man denke an die Verse *Überall ist Wunderland. / Überall ist Leben. / Bei meiner Tante im Strumpfenband / Wie irgendwo daneben* ... oder *In der Stratosphäre, / Links vom Eingang, führt ein Gang / (wenn er nicht verschüttet wäre) / Sieben Kilometer lang / Bis ins Ungefähre.* (beide Zitate von Ringelnatz). Von Kästner zitiert man gern: *Einst haben die Kerls auf den Bäumen gehockt, behaart und mit böser Visage* ... Von ihm stammt auch die Lebensbilanz *Das ist das Verhängnis: / Zwischen Empfängnis / und Leichenbegängnis / nichts als Bedrängnis!*

8.2 Wilhelm Busch und seinesgleichen

Von keinem der Humoristen sind so viele Verse als Geflügelte Worte unsterblich geworden wie von Wilhelm Busch (1832-1908). Man ist versucht, sie dutzendweise zu zitieren. Beschränken wir uns auf folgende, die ebenso viel Sprachgeschick wie auch kluge Lebensweisheit verraten von diesem „Genie des deutschen Humors“:

Dieses war der erste Streich, / doch der zweite folgt sogleich.

Also lautet der Beschluss, / dass der Mensch was lernen muss.

Meistens hat, wenn zwei sich scheiden, / einer etwas mehr zu leiden.

Das Gute, dieser Satz steht fest, / ist stets das Böse, das man lässt.

Rotwein ist für alte Knaben / eine von den besten Gaben.

Die erste Pflicht der Musensöhne / ist, dass man sich ans Bier gewöhne.

Wer durch des Argwohns Brille schaut, / sieht Raupen selbst im Sauerkraut.

Enthaltsamkeit ist das Vergnügen / an Sachen, welche wir nicht kriegen.

Musik wird oft nicht schön gefunden, / weil sie stets mit Geräusch verbunden.

Die Lerche in die Lüfte steigt. / Der Löwe brüllt, wenn er nicht schweigt.

Vater werden ist nicht schwer, / Vater sein dagegen sehr.

Also hier wie überhaupt / kommt es anders, als man glaubt.

Sehr viel sarkastischer sind Sprüche des polnischen Satirikers Stanislaw Jerzy Lec, die Karl Dedecius ins Deutsche übersetzt hat. Ein paar Kostproben mögen das bezeugen: *Sein Gewissen war rein. Er hatte es nie benutzt. – Ein wahrer Feind verlässt dich nie. – Ein neuer Besen kehrt sich allmählich selbst zunichte. – Achillesversen verstecken sich gern in Tyrannenstiefeln. – Renne keine offenen Türen ein, man schlägt sie dir sonst vor der Nase zu.* Als einen Gesinnungsgenossen von Lec in der DDR kann man Gerhard Brandster bezeichnen, aus dessen Fabeln (Ostberlin 1977) ein paar jeweils einleitende Verse zitiert seien: *Wer oben sitzt, sieht niemals alles / am wenigsten im Fall des Falles. – Wird ein Wort aus Angst vermieden, / braucht's kein Gesetz, es zu verbieten. – Freiheit auf Befehl, / ist Kuchen ohne Mehl.* In diesem Zusammenhang sollte man auch Bert Brecht nicht vergessen, z.B. mit seinen Mini-Geschichten vom Herrn K. (einem Anonymus, der Brechts Prinzip verkörpert „Denken heißt verändern"): *Ein Mann, der Herrn K. lange nicht gesehen hatte, begrüßte ihn mit den Worten: „Sie haben sich gar nicht verändert!" „Oh", sagte Herr K. und erbleichte. – „Was tun Sie", wurde Herr K. gefragt, „wenn Sie einen Menschen lieben?" „Ich mache einen Entwurf von ihm", sagte Herr K., „und sorge, dass er ihm ähnlich wird." „Wer? Der Entwurf?" „Nein", sagte Herr K., „der Mensch."*

8.3 Mit Witz und Hintersinn

Den geistreichen Umgang mit der Sprache bezeugen folgende Wendungen, die teilweise in den von Wolfgang Mieder herausgegebenen Bänden „Phrasen verdreschen" und „Verdrehte Weisheiten" zu finden sind. *Wer Geld wie Heu haben will, muss arbeiten wie ein Pferd.* – *Wer den Gürtel enger schnallen will, muss sich am Riemen reißen.* – *Was dem einen seine Kathedrale, ist dem andern sein Basilikum* (statt seine Basilika). – *Ehrlich währt am längsten ... Doch: Wer hat schon so viel Zeit!* (Stammt von Robert Lemke, dem Moderator der legendären Fernsehserie „Was bin ich"). Das Sprichwort *Ohne Fleiß kein Preis* griff der erste Bundespräsident auf und bezog es humorvoll auf sich selbst (denn er war ein redefreudiger Mensch): *Kein Scheiß ohne Heuss.* (Den eigenen Namen sprach er, nicht des Reimes willen, sondern seinem schwäbischen Idiom gemäß wie „Heiß" aus.) Den Spruch *Gelegenheit macht Diebe* kann man auch abgewandelt hören *Gelegenheit macht Liebe.* Aus dem Vers *Wo man singt, da lass dich ruhig nieder, böse Menschen haben keine Lieder* (der Satz stammt von Johann Gottfried Seume) machte ein Witzbold: *Wo man raucht, da kannst du lange harren, von bösen Menschen kriegst du nie Zigarren.* Kurt Tucholsky war sich sicher *Auch wenn ein Deutscher nichts hat, Bedenken hat er.*

Ganz witzig kann es bei Übersetzungen zugehen, wenn man z.B. das lateinische *ignis quis vir als Feuer-wehr-mann* wiedergibt oder das Geflügelte Wort *mens sana in corpore sano* ganz kühn so übersetzt *Wer in die Mensa geht, braucht einen gesunden Körper.* Bekannt sind die Umdeutungen von *mors certa, hora incerta* zu *todsicher geht die Uhr falsch* oder die Übertragung der Formel aus der katholischen Messliturgie *dignum et iustum est, aequm et salutare* zu dem Satz *Es ist würdig und recht, ein Pferd zu grüßen.* Wer die „Carmina Burana" für *„Lieder aus dem Burenkrieg"* hält, liegt mehr daneben als einer, der aus *Ut desint vires, tamen est laudanda voluntas* (= Wenn auch die Kräfte fehlen, so ist doch der Wille zu loben) die Erkenntnis macht *Ut desint vires, tamen est laudanda voluptas* (= ..., so ist doch die Lust zu loben). Nicht weniger originell wird aus der englischen Redensart *Nobody is perfect* die wohl ebenfalls zutreffende Wendung *No body is perfect*. Man sagt, der Ausdruck *Mach keine Fisimatenten* (= mach nichts Unvernünftiges) sei eine verballhornte Übertragung der Aufforderung französischer Soldaten im Napoleonischen Krieg an deutsche Mädchen *visiter ma tente* (d.h. ihn in seinem Zelt zu besuchen). Um eine korrekte und durchaus wörtliche Übersetzung handelt es sich indes bei dem Ausdruck *Meine bessere Hälfte*, und zwar aus *„My better half"*, wie es in einem englischen Roman des 16. Jahrhunderts und dann in Miltons „Paradise lost" hieß. Nur, wer denkt noch an diese Herkunft?

Oft gaben Sprichwörter Anlass zum Widerspruch, der sich in geistreichen Parodien niederschlägt. Hierzu einige Beispiele: *Eine Hand wäscht die andere – in Unschuld. – Was Hänschen nicht lernt, werden ihm schon die Mädchen beibringen. – Liebe macht blind – und nicht selten ein Kind. – Der Klügere gibt nach, sagen die Dummen. – Ordnung ist das halbe Leben, Unordnung der ganze Rest. – Wer schläft, sündigt nicht. Wer vorher sündigt, schläft umso besser. – Jedem das Seine – aber alles zu seiner Zeit! – Wissen ist Macht. – Nichtwissen macht nichts. – Wem Gott ein Amt schenkt, dem schenkt er auch Kollegen. – Geld allein macht nicht glücklich, aber es beruhigt ungemein. – Jeder ist seines Glückes Schmied, aber die meisten von uns sind der Ambos. – Aller guten Dinge sind drei, sagte das vierte Rad am Wagen und löste sich von der Achse. –Trocken Brot mach Wangen rot; Butterbröter noch viel röter. – In der allerhöchsten Not, schmeckt die Wurst auch ohne Brot*

Den Slogan *Die Lage ist ernst, aber nicht hoffnungslos* kehrte man, wie es heißt, in Österreich um zu *Die Lage ist hoffnungslos, aber nicht ernst*. Nicht wenige berufen sich gern auf den Vers: *O Mensch, bedenke wohl: / Dein größter Feind ist Alkohol! / Doch in der Bibel steht geschrieben: / Du sollst auch deine Feinde lieben!* Zuweilen hört man auch den Spruch *Alle Menschen denken nur an sich, / nur nicht ich. Ich denke bloß an mich.* Ein Epigramm von Daniel Georg Morhof gab schon vor gut 300 Jahren zum Thema Würdenträger zu bedenken:

Der Ämter Last ist groß, / schwer sind die hohen Würden.
Drum pflegt man sie auch stets / den Eseln aufzubürden.

8.4 Doppeldeutige Redewendungen

Manchmal gibt ein doppeldeutiger Ausdruck den Anlass zu einer witzigen Wendung, so zum Beispiel: *Wenn alle Stricke reißen, dann hänge ich mich auf.* (Eine Pointe von Robert Gernhardt). *Der Fisch will dreimal schwimmen: im Wasser, Schmalz und Wein. – Er machte aus der Not eine Tugend – und tat nur noch das Nötigste. – So viele Tugenden, wie der Mensch aus seiner Not macht, gibt es gar nicht. – Viele Hunde sind des Rasens Tod. – Kleider machen Leute, aber sie sind auch danach. – Der Zahnarzt ist ein Mensch, der von der Hand in den Mund lebt (Robert Lemke) – Hauptsache gesund, das Leben kann man sich auch alleine nehmen. – Sterben ist mein Gewinn, sagte der Totengräber. – Wir wollen mal sehen, sagte der Blinde, als man ihn nach den Wetteraussichten fragte.* Ziemlich modern ist die These *Irren ist menschlich, aber für das totale Chaos braucht man einen Computer.* Nicht ganz vergessen sollte man auch Wendungen, die ganz unfreiwillig dank ihrer Komik in den Bestand Geflügelter Worte gelangt sind wie die Sätze *Hier werden Sie geholfen* (Verena Feldbusch/Pooth), *Ihr seid alle wie Flasche leer* (Giovanni Trappatoni) oder *Mal verliert man, mal gewinnen die andern!* (Otto Rehagel). Nicht respektlos, sondern geschmacklos erscheint die Verballhornung des berühmten Goethe-Zitates aus „Faust I" in einer kommerziellen Werbung: *Hier bin ich Mensch, – hier kauf ich ein.*

Gerne witzelt man mit Sprichwörtern und Zitaten über die Geschlechter-Relation. Böse Zungen zitieren gerne *Lange Kleider, kurzer Sinn* oder Voltaires Spruch *Eine Frau ist ein menschliches Wesen, das sich anzieht, schwatzt und sich wieder auszieht.* Andere meinen *Nicht*

Geld regiert die Welt, nein, Frauen mit Geld regieren die Welt. Aus Lessings Sinngedichten stammen die Verse: *Ein einzig böses Weib lebt höchstens auf der Welt. / Nur schlimm, dass jeder seins für dieses einz'ge hält.* Nietzsche konnte noch schreiben *Das Glück des Mannes heißt: ich will. Das Glück des Weibes heißt: er will.* Besser passt wohl die Wendung einer modernen Frau (Doris Dag): *Frauen machen sich nur deshalb schön, weil das Auge des Mannes besser entwickelt ist als sein Verstand.* Oder soll man Udo Jürgens glauben, wenn er singt *Wir Männer sind Bäume, und Frauen sind wie Blumen*? Wie gut, dass man sich letztlich immer wieder auf Goethes Wort berufen kann: *Das Ewig-Weibliche zieht uns hinan.*

Von einer besonderen Partnerschaft handelt der von alters her überlieferte Spruch *Liegt einer im Bett bei einer im Kloster, so beten sie schwerlich ein Paternoster.* Ziemlich jung ist hingegen die Parodie auf das Sprichwort *Wo ein Wille ist, ist auch ein Weg: Wo eine Pille ist, ist auch ein Bett.* Schließlich seien zu diesem Thema noch fünf Schüttelreime zitiert, zwei von Unbekannt, die andern von Helmut Heißenbüttel, Paul Diels und Sigmund Freud.

> *Wo Männer Wert auf Weiber legen, / geschieht es meist der Leiber wegen.*
>
> *Unter den edelsten Steppdecken / kann doch der blödeste Depp stecken.*
>
> *Sie war gekleidet an Schönheit reich, / doch unbekleidet der Schönheit gleich.*
>
> *Tut nicht mit wilden Damen zanken, / sollt vielmehr für die zahmen danken!*
>
> *Und weil er Geld in Menge hatte, / lag stets er in der Hängematte.*

Es gibt aber auch zugespitzte Redensarten, die einfach witzig sind ganz ohne jede Erklärung. Ein paar Beispiele aus alter und neuerer Zeit mögen als Beleg dafür genügen: *Als Gott den Mann erschuf, da übte er nur. – Bescheidenheit ist eine Zier, doch weiter kommt man ohne ihr. – Wer sich nicht wehrt, der endet am Herd. – Der Wein und die Wahrheit sind sich insofern ähnlich, als man mit beiden anstößt. – Klugheit ist oft lästig – wie ein Nachtlicht im Schlafzimmer.* (Stammt von Ludwig Börne.) *Lieber einen Freund verlieren als einen Witz*, schrieb Quintilian in seinem Buch „Über die Redekunst". *Ob eine schwarze Katze Glück bringt oder nicht, hängt einzig und allein davon ab, ob man ein Mensch ist oder eine Maus.* (Diese These vertrat Bernhard Grzimek, der Direktor des Frankfurter Zoologischen Gartens vor rund 40 Jahren.) Manche Wendungen sind wohl albern und wirken doch, wenn auch nicht in jedem Falle, ganz witzig wie im Beispiel: *Uff, uff, sprach Winnetou, biss sich ein Loch in den Bauch und verschwand darin.*

Kommen wir zum Schluss des Kapitels: *Ende gut, alles gut, dachte der Sterbende, als man ihm seinen Lottogewinn mitteilte.* Ein frommer Wunsch lautet allemal *Auf deinem Grabstein soll man lesen: Du bist fürwahr ein Mensch gewesen!* Und eine andere Grabinschrift (mag sie auch schon etwas abgedroschen klingen): *Hier ruht der Dorfschulmeister Krug, / der Kinder, Weib und Orgel schlug.* Von scherzhaft formulierten Grabinschriften, von echten und von unechten, gibt es ganze Sammlungen. Zwei drastische Beispiele seien hier zitiert: *Hier liegt Johannes Weindl, / er lebte wie ein Schweindl, / G'soffen hat er wie a Kuh; / der Herr geb' ihm die ew'ge Ruh!* Ferner: *Hier ruht ein Mann, der tut, / was er ein Leben lang getan: Er ruht.* Fast schon versöhnlich klingt dagegen die Inschrift: *Hier ruhen meine Gebeine. / Ich wollt, es wären deine.* Man sollte wohl auch den Spruch nicht vergessen: *Ein jeder Mensch pflegt insgeheim / sein eigener Bewunderer, / und zwar sein einziger zu sein.* (Berthold Heinrich Brockes 1680-1744).

Vielleicht stimmt doch der Satz *Der Mensch hat die Sprache bekommen, um seine Gedanken zu verbergen.* Auch könnte es wohl sein, dass der Spruch *Wer zuletzt lacht, lacht am besten* eine andere

Wendung verdient: *Wer zuletzt lacht – hat's wohl vorher nicht begriffen!* Kluger Rat zum Schluss: *Hast du was verkehrt gemacht, / gib es zu, bevor man lacht!*

9. Aus der Sprachenvielfalt Europas: Von Nachbarn entlehnte Wendungen

Europa ist in Vielfalt ein Ganzes. Die Vielfalt übersteigt das Gemeinsame, so wird man gerade in Bezug auf das Spektrum der europäischen Sprachen konstatieren. Andererseits sind diese im Ursprung – dem Indogermanischen – miteinander verwandt, sieht man einmal vom Ungarischen und Finnischen ab. Im Laufe der Völker- und Staatengeschichte haben sich die Einzelsprachen zwar differenziert; sie haben sich aber auch wechselseitig beeinflusst. Anhand von Lehnworten und Fremdworten kann man im Deutschen leicht diese Einflüsse von anderen Völkern und Staaten mit ihrer spezifischen Kultur auf unsere Sprache wahrnehmen. Ähnlich ist es mit den „entlehnten Wendungen." An Beispielen wird das deutlich.

9.1 Die ursprüngliche Lingua franca Europas

Zunächst sei daran erinnert, dass es bis ins 18. Jahrhundert eine Europa-Sprache, eine Lingua franca des Abendlandes gegeben hat, das Latein. Im Kreis der Gebildeten, in den Universitäten, in der römisch-katholischen Kirche, in den meisten Wissenschaften, selbst bei der Rechtspflege konnte man sich in der lateinischen Sprache miteinander verständigen (und zwar im vollen Wortsinn von Verständigung). Ein Rest von lateinischen Formeln oder Floskeln hat sich davon in manchen Lebensbereichen, zum Teil bis in den Alltag hinein erhalten. Zwar ist die Zahl dieser Geflügelten Worte in lateinischer Sprache gerade in unserer Zeit zusammengeschrumpft. Dennoch sind etliche noch immer in Gebrauch.

Beispielhaft seien zuerst Wendungen aus dem Rechtswesen genannt: *In dubio pro reo* (= Im Zweifel für den Angeklagten). *In flagranti* (=Auf frischer Tat, wörtlich: im Brennenden). – *Corpus delicti* (= Gegenstand des Vergehens, z.B. Tatwerkzeug oder Diebesgut). – *Non liquet* (= es ist noch ungeklärt). – *Pro domo* (= In eigener Sache, wörtlich: für sein eigenes Haus). – *Suum cuique* (= Jedem das Seine zuteilen; als Rechtsgrundsatz im Corpus Juris verankert; Inschrift auf Medaillen des Schwarzen Adler-Ordens in Preußen).

Viele Formeln entstammen sodann der römischen Rhetorik, so zum Beispiel *pars pro toto* (= ein Teil für das Ganze), *cum grano salis* (= mit einem Korn Salz, im Großen und Ganzen), *ultima ratio* (= letzte Möglichkeit, letztes Argument), *expressis verbis* (= ausdrücklich), *Nomen est Omen* (= Der Name ist eine Vorbedeutung, der Name ist kennzeichnend), *sine ira et studio* (= ohne Zorn und Neigung oder Vorliebe, objektiv, unparteiisch; nach einer Wendung des römischen Historikers Tacitus in den Annalen), *ad libitum, ad absurdum, ad infinitum* (= nach Belieben, ins Sinnlose, ins Grenzenlose), *Summa summarum* (= alles in allem, alles zusammen, wörtlich: Summe der Summen), *coram publico* (= in aller Öffentlichkeit). Man spricht noch heute gerne vom *modus vivendi* (einer erträglichen Weise des Lebens), vom *status quo* oder dem *status quo ante* (= dem gegenwärtigen bzw. dem vorherigen Zustand). Es gibt den *primus inter pares* (= den Ersten unter Gleichen). Wer freilich die *Quintessenz* einer Rede sucht, denkt wohl nicht an die *quinta essentia*, das fünfte Element, das Aristoteles im Äther entdeckt zu haben glaubte.

Ein Refugium für lateinische Formeln bildete auch das kirchliche Leben, vor allem bei den Katholiken, jedenfalls bis zur Liturgiereform durch das Zweite Vatikanische Konzil 1965. Manche Ausdrücke aus dem kirchlichen Bereich sind durchaus allgemein verständlich wie z.B. *post festum* (= hinterher, wörtlich: nach dem Fest), *Anno Domini* (= im Jahr des Herrn, oft abgekürzt mit den Initialen AD wiedergegeben; heutzutage spricht man auch von *Anno dazumal*), *Urbi et orbi* (= der Stadt und dem Erdkreis; es ist die Segensformel des Papstes bei festlichen Anlässen). Wenn freilich vom *deus ex machina* gesprochen wird, denkt man nicht gerade an den Gott der Christen.

Die Verwendung solcher Formeln anstelle des entsprechenden deutschen Ausdrucks bezeugt rhetorische Gewandtheit (ganz im Sinne der antiken „Redekunst"). Sie stellt den eigenen Bildungsstand unter Beweis und nutzt den Vorzug der lateinischen Sprache: Sie kann die größtmögliche Prägnanz in äußerster Knappheit zum Ausdruck bringen. Das ist wohl auch der Grund dafür, dass manche Lebensregeln am besten in der lateinischen Fassung im Gedächtnis haften, so zum Beispiel *Tua res agitur* (= Es geht um deine ganz persönliche Angelegenheit, dein eigenstes Interesse). *Quidquid agis, prudenter agas et respice finem* (= Was immer du tust, handle klug und bedenke das Ende). *Fortiter in re, suaviter in modo* (= Hart in der Sache, sanft bzw. geschmeidig in der Methode. Redensartlich *Stark in der Tat, milde in der Art.* Diesen Grundsatz machten sich vor allem die Jesuiten zu Eigen). *Non scholae, sed vitae discimus* (nicht für die Schule, fürs Leben lernen wir). Seneca formulierte in ironischer Absicht allerdings umgekehrt: Non vitae, sed scholae discimus. Von ihm stammt auch die Sentenz *docendo discimus*: (= Beim Lehren lernen wir). Zeitlos scheint zu gelten *Ubi bene, ibi patria* (= Wo es mir gut geht, da ist mein Vaterland; während Goethe schrieb: „Wo wir uns bilden, da ist unser Vaterland!"). Fraglich bleibt, ob man dem „guten Rat" stets folgen soll *De mortuis nihil nisi bene* (= Über die Toten nur das Gute!). Tröstlich ist die Erkenntnis *Non omnia possumus omnes* (= Nicht alle vermögen wir alles!); aber *Omnia vincit amor* (= Alles überwindet die Liebe). In der Politik gilt seit der Römerzeit *Pacta sunt servanda* (= Verträge muss man halten). Und noch heute wünscht man Jubilarinnen und Jubilaren Alles Gute – *Ad multos annos!* Dabei bleibt man sich am besten wie die Lateiner der Tatsache bewusst: *Hora ruit, tempus fugit* (= Die Stunde stürzt hinab, die Zeit entflieht), doch *ultima latet,* die letzte (Stunde) ist verborgen.

9.2 Redensarten aus dem Englischen

Im 17. und 18. Jahrhundert konnten Sprache und Lebensart der Franzosen zum Vorbild in gepflegten Kreisen werden. Adlige Damen und Herren beherrschten in Deutschland die französische Sprache oft besser als die deutsche. Zugleich aber drang bald das Englische in den deutschen Sprachschatz ein. Bereits aus dem 16. Jahrhundert Englands stammen so klassische Spruchweisheiten wie *My house is my castle* (= eines Mannes Haus ist seine Burg) oder Bacons berühmte Sentenz *Wissen ist Macht* (im Englischen *Knowlegde itself is power*). Bacon hat als Wissenschaftler freilich seine „Meditationes sacrae" 1597 in Latein verfasst. Wenn es dort heißt „Nam et ipsa scientia potestas est", so verstand er offenbar Wissen als Können und Ermöglichung des (rechten) Handelns, nicht als Bedingung purer Herrschaft. Von Bacon kennt man im Übrigen auch so kluge Sätze wie *Der Wege, sich Reichtum zu erwerben, sind viele. Sparsamkeit ist einer der besten!* Oder: *Geld, das der Staat einnimmt, gleicht dem Dünger, der nur nützt, wenn er ausgebreitet wird.* Wem sind nicht die englischen Gesundheitsregeln vertraut: *Early to bed and early to rise makes a man healthy, wealthy and wise.*(John Clarke). *The best doctors in the world are Doctor Diet, Doctor Quiet and Doctor Merryman.* (Jonathan Swift). *An apple a day keeps the doctor away.* Zu einem viel benutzten Schlagwort wurde die Formel *Kampf ums Dasein*, womit freilich die von Charles Darwin geprägte Formulierung *Struggle for Life* etwas verändert wurde.

Man kann oft lesen, die Herkunft von Sprichwörtern und Redewendungen verrate viel über Mentalität und Wesensart des Ursprungsvolkes. Das ist nicht ganz falsch, sollte freilich nicht verallgemeinert werden. Es liegt beispielsweise nahe, dass die Wendung *sink or swim* von einem Inselvolk stammt, wobei man dabei wohl etwas ironisch an den Stapellauf eines Schiffes denkt. Der folgende Satz stammt erkennbarerweise aus England, gilt aber auch anderswo *Ein Dieb, den das Stehlen reich gemacht hat, gilt als Gentleman.* Ähnlich ist es mit anderen sprichwörtlichen Redensarten wie den folgenden: *Nächstenliebe fängt zu Hause an* (*charity begins at home*, Puritaner mahnen übrigens: *Almsgiving is no charity!*). *Wechsel der Weide macht fette Kälber. – Ehre und Bequemlichkeit sind selten Schlafkameraden. – Sag nicht Nein, bevor du gefragt wirst! – Je weniger Verstand einer hat, desto weniger merkt er den Mangel. – Ein Penny Frohsinn ist ein Pfund Kummer wert.*

Manche Redensarten wurden ins Deutsche so wortgleich integriert, dass niemand ihre Herkunft mehr erkennt wie bei dem Beispiel *Long, long ago* (Bayly) = Lang, lang ist's her. Aus dem englischen *To show somebody the cold shoulder* entstand im Deutschen fast wortgleich *Jemandem die kalte Schulter zeigen.* Längst vergessen ist dabei, dass die Formel von einem Brauch der englischen Ritterschaft kam, den überraschend eingetroffenen oder gar unerwünschten Gästen nur ein Stück kalten Bratens (vorwiegend Lammschulter) anzubieten. Oft variieren sinngleiche Wendungen von einer Sprache zur anderen wie bei der englischen Wendung *to put one's shoulder to the wheel*, die im Deutschen am besten wiedergegeben wird mit der Wendung *Sich mächtig ins Zeug legen.* Der Hamburger Anglist Christoph Gutknecht führt in seinem Buch „Lauter spitze Zungen" (1996) zahlreiche solcher Beispiele auf. Dass der Ausdruck *Hokuspokus machen* auf den Titel einer englischen Anleitung zur Taschenspielerkunst aus dem Jahre 1634 zurückgeht, zeigt wiederum, wie bestimmte Termini von einer Sprache zur anderen gewandert sind. Auf der anderen Seite findet man für denselben Sinn in den verschiedenen Sprachen unterschiedliche Ausdrücke, so z.B. für die Sentenz aus dem 2. Thessalonikerbrief (2. Thess 3,10) *So jemand nicht arbeiten will, der soll auch nicht essen* (in der Fassung der Lutherbibel) heißt es im Englischen kurz und bündig *No will, no meal*, im Französischen *Pour manger il faut travailler* und im Italienischen *Chi non lavora, non mangia.*

9.3 William Shakespeares geniale Spruchweisheiten

Kein anderer hat der englischen Sprache so viele Redewendungen geschenkt wie William Shakespeare (1564-1616), und von keinem nichtdeutschen Autor sind so viele Wendungen zu Geflügelten Worten im Deutschen geworden wie von ihm. Dabei war in der Regel die Übersetzung prägend, die August Wilhelm Schlegel und Ludwig Tieck in den Jahren um 1800 geschaffen haben. Hier können nur einige Kostproben aus der Fülle dieser klassisch gewordenen Zitate wiedergegeben werden.

Kaum ein Redner verzichtet auf das Shakespeare-Zitat *Last, but not least.* Im „König Lear" nennt Lear seine Tochter Cordelia *the last, not least,* die Jüngste, nicht Geringste. Man erkennt die Sinnverschiebung, die bei der üblichen Zitierweise erfolgte. Was hat so viele Menschen so nachhaltig an den Geflügelten Worten aus den Dramen Shakespeares fasziniert? Schon manche Titel sind feststehende Begriffe geworden: *Was ihr wollt, – Viel Lärm um nichts, – Ein Sommernachtstraum.* Am tiefsten wird man wohl angerührt von Shakespeares Menschlichkeit und Menschenkenntnis. *Der bessere Teil der Tapferkeit ist Vorsicht* heißt es im „König Heinrich IV". – Julius Caesar sagt im gleichnamigen Römerdrama *Lasst wohlbeleibte Männer um mich sein, mit glatten Köpfen, und die nachts gut schlafen. – Des Todes Schmerz liegt in der Vorstellung,* sagt Isabella in „Maß für Maß". Dieselbe empfiehlt auch *Miss nicht den Nächsten nach dem eignen Maß! – Es gibt mehr Ding' im Himmel und auf Erden, als eure Schulweisheit sich träumen lässt,* muss sich Horatio im „Hamlet" sagen lassen. In diesem wohl philosophischsten Werk sind die berühmtesten Zitate dieses genialen Autors aufbewahrt: *Etwas ist faul im Staate Dänemark. – Die Zeit ist aus den Fugen. – Ist das schon Tollheit, hat es doch Methode.* Und wie oft wird aus dem „Hamlet" zitiert: *Sein oder Nichtsein, das ist hier die Frage! To be or not to be – that is the question!* Und das Sprichwort *In der Kürze liegt die Würze*, das im Deutschen fast wie eine Allerweltsweisheit klingt, hat bei Shakespeare im „Hamlet" mehr Poesie, wenn es dort heißt *Therefore, since brevity is the soul of wit.* Dann aber auch: *Der Rest ist Schweigen.*

Natürlich gibt es noch viele andere englischsprachige Autoren, die in Geflügelten Worten verewigt sind. Zum Beispiel George Bernard

Shaw mit seiner spitzen Ironie, etwa in dem Satz *Der Nachteil der Intelligenz besteht darin, dass man ununterbrochen gezwungen ist, dazuzulernen.* Von ihm stammt auch die beliebte Wendung *Glücklich der Mann, der sein Hobby zum Job machen kann.* Von Oscar Wilde stammt der Satz *Frauen sind da, um geliebt, nicht um verstanden zu werden.* Vom selben Autor: *Gut sein heißt, mit sich selber im Reinen sein.* Von anderen Autoren sind schon die Titel einzelner Werke sprichwörtlich geworden: Von Samuel Beckett *Warten auf Godot* (1952), von Tennessee Williams *Endstation Sehnsucht* (1947) und von Ernest Hemingway *Wem die Stunde schlägt* (1940) oder *Der alte Mann und das Meer* (1952). Nicht zuletzt sind englische Schlagertexte zu allseits geläufigen Slogans geworden wie Frank Sinatras *Strangers in the night* oder *All You Need Is Love* und *Let it be* von den Beatles (1967). Oft zitiert wird aus dem amerikanischen Showgeschäft die stehende Wendung *The Show must go on!* Typisch amerikanisch klingt auch die Formel *Firms exist to make money.* Ebenfalls aus den USA kommt der Satz: *Jedes Problem hat zwei Seiten, eine falsche und die unsrige.* Als eine urbritische Formel kennt man die Inschrift auf dem im 14. Jahrhundert gestifteten Hosenbandorden *Honni soit qui mal y pense* (= ein Schelm, der Böses dabei denkt). Man benutzt sie heute, wenn man eine peinliche Situation entkräften möchte.

9.4 Redensarten aus dem Französischen

Die Inschrift auf dem britischen Hosenbandorden ist Altfranzösisch. Die französische Sprache drang mit dem Sieg der Normannen von 1066 ins Angelsächsische hinein. In der Epoche des Sonnenkönigs Ludwig XIV. wurde das Französische zur Universalsprache für die gebildeten Schichten Europas. Seit dieser Zeit werden aus dem Französischen manche Formeln auch hierzulande in der Originalsprache zitiert, so zum Beispiel: *Corriger la fortune* (aus Molieres „Schule der Frauen"), *Noblesse oblige* (Adel verpflichtet. Etliche Adelsgeschlechter in Frankreich führten diesen Wahlspruch im Wappen). Bei der Aufnahme in die Akademie sprach der Naturwissenschaftler Buffon den bekannten Satz *Le style c'est l'homme même. Enfant terrible* (ein schreckliches Kind, das Ärger macht. Der Begriff stammt von einem lustigen Bilderbogen des 19. Jahrhunderts). *Cherchez la femme* (aus einem Drama von Alexander Dumas), *l'art pour l'art* (eine in Frankreich im 19. Jahrhundert aufgekommene Forderung nach Eigengesetzlichkeit der Kunst), *Fin de Siècle* (Titel einer 1888 in Paris aufgeführten Komödie), *Quantité négligeable* (für Belanglosigkeit), *Par l'ordre du Mufti, Chacun a son goût, Les extrêmes se touchent* (Gegensätze ziehen sich an, wörtlich: sie berühren sich). *Le roi est mort. Vive le roi!* (der König ist tot! Es lebe der König, gemeint ist der neue). *Tout est comme chez nous* (= ganz wie bei uns, so quittieren die Erdbewohner in einem Lustspiel aus dem 17. Jahrhundert die fiktive Schilderung der Mondmenschen). Dass man französische Worte auch (bewusst) missverstehen kann, zeigen zwei Beispiele: Statt Sanssouci (= Sorglos) kann man auch cent soucis (= hundert Sorgen) heraushören; und wenn der frühere französische Staatspräsident Mitterand und der ehemalige deutsche Bundeskanzler Kohl sich mit François und Helmut begrüßten und Kohl betonte *maintenant nous sommes per Du*, konnte das auch nach *„nous sommes perdu“* (= jetzt sind wir verloren) klingen.

Écrasez l'Infame! Löscht sie aus! So rief Voltaire seine Zeitgenossen dazu auf, die Quelle des Aberglaubens auszutilgen. In Kreisen strenggläubiger Katholiken unterstellte man Voltaire, er habe den Satz auf die Kirche bezogen. Durch diese wirklich infame Behauptung versuchte man, die Aufklärung zu denunzieren. Dass Voltaire ein skeptischer Christ war, bezeugt freilich ein Satz wie dieser von ihm *Wenn es keinen Gott gäbe, müsste man ihn erfinden.* Ein dem französischen Volksmund zugeschriebenes Sprichwort meint *Selbst der liebe Gott hat es nötig, dass für ihn die Glocken geläutet werden.*

9.5 Esprit im Sprichwortgut aus Frankreich

Zitiert seien noch ein paar Sprichwörter und Redensarten, die das Deutsche mit Esprit aus Frankreich bereichert haben. *Der Mensch lebt, um zu denken, und es ist seine Pflicht, gut zu denken* (Pascal). *Erfolg beruht im Allgemeinen auf dem Wissen, wie viel Zeit zum Erfolg nötig ist* (Montesquieu). *Es gibt Tugenden, die man nur ausüben kann, wenn man reich ist* (Rivarol). *Wunder kommen nur zu denen, die daran glauben. Die Neider sterben, niemals stirbt der Neid* (Moliere im „Tartuffe"). *Alle Fehler, die man hat, sind verzeihlicher als die Mittel, die man anwendet, um sie zu verbergen* (La Rochefoucauld). *Die Erinnerung steht immer dem Herzen zu Diensten.* Honoré de Balzac formulierte: *Die Erinnerungen verklären das Leben, aber das Vergessen allein macht es erträglich. Vom Erhabenen zum Lächerlichen (du sublime au ridicule) ist es nur ein Schritt* (sagte Napoleon). *Après nous le déluge* (= nach uns die Sintflut, erklärte Madame Pompadour). Nachweislich französischer Herkunft sind auch die Redewendungen *Alles verstehen heißt alles verzeihen (tout comprendre c'est tout pardonner). – Jeder Abschied ist ein kleiner Tod (= Partir c'est mourir un peu). – Lächerlichkeit tötet sicherer als jede Waffe. – Qui s'excuse, s'accuse (Wer sich entschuldigt, klagt sich selber an). – Die Garderobe einer Frau ist die Visitenkarte des Mannes. – Das Bessere ist der Feind des Guten!* (*Le mieux est l'ennemi du bien*; der Satz wird Voltaire zugeschrieben). Nicht alle Redensarten aus dem Französischen lassen sich im Übrigen wortgetreu ins Deutsche übertragen, so dass man sie besser im Original zitiert wie z.B. *Poisson sans boisson est poison.* Die deutsche Version *Der Fisch will schwimmen* kann das französische Wortspiel nicht wiedergeben.

Die ausgewählten Beispiele von Redewendungen aus dem Französischen sollten zumindest eine Spur von dem besonderen Esprit der Kultur Frankreichs erkennen lassen. Man sollte sich dabei dessen bewusst sein, dass lange Zeit die „besseren Kreise" in Deutschland wie auch z.B. in Russland oder Polen lieber Französisch parlierten, als sich der Muttersprache zu bedienen. Man muss das vergleichen mit der früheren „Europasprache", dem Latein, das z.B. noch bei dem wohl am häufigsten zitierten Spruch eines französischen Denkers benutzt wird, nämlich bei der Grundformel von René Descartes: *Cogito, ergo sum* = Ich denke, also bin ich. Descartes hat den Satz allerdings 1637 zuerst auf Französisch formuliert „Je pense, donc je suis." Doch erst in der 1644 erschienenen Fassung auf Latein nahm die Sentenz ihren Siegeszug in die moderne Philosophiegeschichte auf. Im gleichen Jahr hat Descartes übrigens seine Grunderkenntnis in erweiterter Form niedergeschrieben: „Ich zweifle, also bin ich, oder, was dasselbe ist, ich denke, also bin ich." Er wies damit der europäischen Aufklärung (und damit dem modernen Denken überhaupt) den Weg aller kritischen Erkenntnis: durch Zweifel zur Wahrheit.

9.6 Beispiele aus anderen romanischen Sprachen

Fragt man erneut, ob oder in wie weit man aus Sprichwörtern und Redensarten typische Nationaleigenschaften ablesen kann, so lassen die Beispiele aus dem Englischen und Französischen keine eindeutige Antwort zu. Im Übrigen zielte die hier vorgenommene Auswahl vor allem darauf ab, „grenzüberschreitende Wendungen" vorzustellen und Europa als Ganzes in der Vielfalt wahrnehmbar zu machen. Dieser Intention folgen auch die folgenden Beispiele aus anderen romanischen Sprachen.

Aus dem Italienischen sind Wendungen wie diese gebräuchlich: *Etwas in petto haben* (eigentlich „in pectore" = in der Brust, im Herzen); *La dolce vita* (Titel eines Fellini-Filmes vom Jahr 1960); *Il dolce far niente* (süßes Nichtstun); *Lasciate ogni speranza, voi ch'entrate!* (= Beim Eintritt hier lasst alle Hoffnung fahren!). Eine der sprichwörtlich gewordenen Wendungen aus Dantes „Göttlicher Komödie". *Se non è vero, è molto ben trovato* (wenn's nicht wahr ist, so ist es doch recht gut erfunden; eine Wendung von Giordano Bruno); *Tempi passati; ein Fiasco erleben* (vom italienischen Wort für Flasche = fiasco); *Larifari machen* (= leeres Gerede, von der italienischen Tonfolge „la-re-fa"). Aus Mozart-Opern sind italienische Ausdrücke redensartlich geworden bis hin zum Titel *Così fan tutte* (So machen's alle). Sagt man im

Deutschen *Jeder ist seines Glückes Schmied*, so lautet der Spruch im Italienischen *Das Glück ist mit dem Mutigen.*

Aus dem Spanischen wurde nicht nur *Was für ein Macho!* übernommen (das Wort bedeutet im Spanischen „männliches Tier"; im Russischen spricht man vom „Muschik"). Eine spanische Redensart, die an Erfahrungen in der Zeit vor der Reconquista erinnert, lautet: *Der Jude ruiniert sich mit Passahfesten, der Maure mit Hochzeiten und der Christ mit Gerichtsprozessen.* Auf den spanischen Heiligen Franz von Sales geht der Satz zurück *Sei geduldig mit der ganzen Welt, vor allem mit dir selbst.* Spanischer Herkunft sind auch die Redensarten *Den Dummen erscheint die Mutter Gottes. – Ein Fehler, der abgestritten wird, wird zweimal begangen. – Gewohnheiten sind erst Spinnweben, dann Seile. – Wer nichts weiß, hat keine Zweifel. – Wenn einer nicht will, können zwei nicht streiten. – Wissen nimmt keinen Raum ein. – Alles besiegt die Liebe, alles erreicht das Geld, alles endet mit dem Tode, alles verschlingt die Zeit.*

9.7 Aus slawischen Sprachen

Aus dem Russischen haben u.a. folgende Redensarten den Weg ins Deutsche gefunden:

> *Selbst wenn die Weiber aus Glas wären, sie blieben doch undurchsichtig.*
>
> *Gehst du in den Krieg, bete einmal, gehst du zur See, bete zweimal, gehst du heiraten, bete dreimal.*
>
> *Liebe ist ein Glas, das zerbricht, wenn man es zu unsicher oder zu fest anfasst.*
>
> *Männer werden ohne Frauen dumm, und Frauen welken ohne Männer.*
>
> *Wenn der Löwe alt wird, lauert er am Mauseloch.*
>
> *Gott geht zu dem, der zu ihm kommt.*
>
> *Der Tod ist ein Riese, vor dem auch der Zar die Waffen strecken muss.*

Zweimal kann keiner, einmal muss jeder sterben.

Angeschlagenes Geschirr hält noch zwei Generationen aus.

Ein leeres Fass dröhnt lauter als ein volles.

Wer Feuer haben will, muss den Rauch dulden.

Wegen einer kleinen Kerze ist ganz Moskau niedergebrannt.

Mit Lügen kann einer durch die Welt kommen, aber bestimmt nicht zurück.

Das Haus ist nicht schön wegen der Kanten, sondern des Kuchens wegen (nicht wegen des Aussehens, sondern weil seine Bewohner gastfreundlich sind).

Gib nicht schon an damit, bevor du es erledigt hast!

Spuck nicht in den Brunnen; vielleicht wirst du daraus später noch trinken.

Eingestanden ist schon halb gebessert.

Der Himmel ist hoch, und der Zar ist weit weg.

Allzu viel Weihrauch verrußt auch den schönsten Heiligen!

Diese Sprichwörter aus dem Russischen können einem mancherlei zu denken geben, zumal viele mit ihren Bildern an eine besondere, eben die russische Erfahrungswelt anknüpfen. Es handelt sich bei den ausgewählten Beispielen freilich um solche, die man am besten der praktischen Vernunft zurechnet. Von den Abgründen der russischen Seele und den leidenschaftlichen Gefühlen im Slawischen verraten sie wenig. Diese findet man umso mehr in den Werken der großen russischen Literatur. Bedeutet das vielleicht, dass Sprichwörter eher nach Alltagswirklichkeit „riechen", während die Dichtung das Außergewöhnliche „zur Sprache bringt"?

Von den vielen Sprichwörtern, die es im Russischen gibt, haben sich nur wenige im Deutschen eingebürgert. Möglicherweise vermitteln die russlanddeutschen Spätaussiedler, die in den letzten Jahrzehnten hierhergekommen sind, doch einiges aus ihrem Herkunftsland in die neue Heimat. Der Blick auf die Beispiele aus dem Russischen soll im Übrigen keineswegs die Vielfalt der slawischen Sprachen verdecken. Jede hat ihren eigenen Schatz an Sprichwörtern hervorgebracht und tradiert. Vieles ist inhaltlich verwandt, wird aber mit unterschiedlichen Bildern ausgedrückt. Wo man in Russland z.B. eine Geldheirat mit dem Spruch kommentiert *Wo das Geld die Braut ist, gibt's eine kühle Brautnacht.*, da sagt man in der Walachei *Um Geld heiratet man des Teufels Tochter* und in Slowenien *Mag sie auch bucklig sein, so ist sie doch reich!*

Mit ein paar Beispielen sei wenigstens in aller Kürze auf die Sinntiefe vieler Wendungen in anderen slawischen Sprachen verwiesen: Die meisten finden sich im Polnischen.

> *Jede Hand ist schön, die gibt.*
>
> *Gesetze sind wie Spinnweben; die großen Hummeln brechen durch, die Fliegen aber bleiben hängen.*
>
> *Der Bauch versteht keinen Spaß.*
>
> *Gedenkst du mich zu beweinen, wenn ich tot bin, dann bedaure mich lieber, solange ich noch lebe.*
>
> *Auf eine Art werden wir alle geboren, auf tausendfache Weise sterben wir.*
>
> *Wo der Bauer arm ist, ist das ganze Land arm.*
>
> *Die Frau macht das Haus des Mannes zum Himmel oder zur Hölle.*
>
> *Die Irrtümer des Arztes sind mit Erde zugedeckt.*
>
> *Den Armen kuriert Arbeit, den Reichen der Doktor.*
>
> *Wer in einem Streit zuerst still ist, stammt aus gutem Hause.*
>
> *Mit jeder neuen Sprache erwirbst du eine neue Seele.*

Man durfte natürlich hier keine systematische Einführung in den Sprichwörterschatz der diversen europäischen Sprachen erwarten. Das Kapitel hätte nicht einmal für einen Schnupperkurs gereicht. Wen indes die hier vorgestellten Beispiele sozusagen „auf den Geschmack gebracht" haben, kann leicht weitere Beispiele in einschlägigen Sammelwerken oder auch im Internet finden.

9.8 Jiddisches Erbe im Deutschen

Auf eine besondere Quelle für „entlehnte Worte" im Deutschen ist schließlich noch einzugehen, das Jiddische. Eine neuere Sammlung Jüdischer Sprichwörter hat Volker Dietzel unter dem Titel „Die ganze Welt steht auf der spitzen Zunge" herausgegeben (1991). Im Wesentlichen sind die darin enthaltenen Beispiele aus der klassischen Edition jiddischer „Sprichwörter und Redensarten deutsch-jüdischer Vorzeit" entnommen, die Abraham Tendlau erstmals 1860 mit über 1000 Belegen veröffentlicht hat. Die jiddischen Redewendungen sind teils biblischen Ursprungs, teils stammen sie aus dem Talmud, andere sind in der Assimilation an die jeweilige Umgebung entstanden. Viele beruhen auf dem für Juden typischen Talent zur Dialektik. Manche verraten sogar jene besondere Art von Unverfrorenheit, die im Jüdischen „Chuzpe" genannt wird. Hier nun einige charakteristische Beispiele:

Der Jude lässt kein Unglück aus. – Was erben Juden? Not und Hämorrhoiden. – Das Paradies und die Hölle kann man auch auf Erden haben. – Ein Jude hat nur Geld zu verlieren und Zeit, krank zu sein. – Das hat schon Adam seinem Weib erzählt, und sie hat erwidert: Eine alte Geschichte. – Adam war nackt, Eva bloß barfuß. – Es ginge wohl, aber es geht nicht. – Der Mensch fährt, und Gott hält die Zügel. – Vor Gott hat man Furcht zu haben, vor den Menschen muss man sich hüten. – Wenn Glocken läuten, ist ein Feiertag oder eine Feuersbrunst. – Wer mit dem Glück spielt, der trifft ungezielt. – Bei Menschen weiß man nie, wo der Engel aufhört und der Teufel anfängt. – Ein Jude ist fromm, nur nicht überall. – Armut ist keine Schande, aber eine große Ehre ist sie auch nicht. – Prozente wachsen ohne Regen. – Wer zum Essen eingeladen ist, weiß: „Besser gut und ein Bissel / als schlecht und eine volle Schüssel." – Zum Thema Alter und Tod: *Alles ist besser als gestorben.* Schließlich: *Wer ist ein Held? Der einen bösen Witz unterdrückt.*

In der jiddischen Sprachform hat sich der Wunsch erhalten „Masel tov" = Viel Glück. Aus der Umkehrung „Schlimm-Masel" wurde im Deutschen das „Schlamassel". Die kürzeste Redewendung im Jüdischen lautet *„Nebbich"*. Sie ist eigentlich unübersetzbar. Man kann sie mit verschiedenen Ausdrücken wiedergeben, u.a. mit „Gott bewahre" oder „Ja, fürwahr" oder auch nur mit „leider" zum Zeichen der persönlichen Teilnahme. Ein Gedicht von Joseph Wertheimer drückt das mit den Versen aus:

> *Ein Wörtchen geht von Mund zu Munde, / sein Ursprung ist uns unbekannt;*
>
> *Doch Zeugnis gibt's vom Bruderbunde, / der mild dem Leid sich zugewandt.*
>
> *Wo sich ein menschlich Weh verschließet, / die Pilgerfahrt wird schwer und schwül,*
>
> *Das Wörtchen von der Lippe fließet, / und „Nebbich" sagt das Mitgefühl.*

10. Aus der globalisierten Welt: Spruchweisheiten in anderen Kulturen

Die Globalisierung erscheint in der Regel als eine neue Realität (oder Problematik) der wirtschaftlichen Verhältnisse, vor allem als weltweite Diffusion oder Konzentration des Kapitals. Nun fand aber spätestens seit der Ausbreitung der europäischen Kolonialherrschaft weltweit auch eine geistige Durchdringung fremder Kulturen mit europäischem Denken statt. In neuerer Zeit wirken verstärkt wiederum außereuropäische Kräfte auf unsere Geisteswelt zurück. Man kann also durchaus auch von einer Globalisierung der Ideenwelten, der Lebensentwürfe und auch des moralischen Bewusstseins sprechen. Immer wichtiger werden daher Bemühungen um eine globale Verständigung. In diesem Zusammenhang lohnt es sich, auf Spruchweisheiten aus fremden Kulturkreisen einzugehen, in denen viel von der Erfahrungswelt anderer Völker und von deren Wertvorstellungen tradiert wird.

10.1 Sprichwörtliches aus der Türkei

Es erscheint als Erstes durchaus nahe liegend, nach türkischen Sprichwörtern Ausschau zu halten. Mit der osmanischen Welt stand Europa Jahrhunderte lang im Wettbewerb und pflegte partielle Wechselbeziehungen. Eine Auswahl der „Türk Atazösleri" (= Türkischen Sprichwörter) mit deutscher Übersetzung mit mehr als 600 Beispielen liegt als dtv-Taschenbuch vor (2005). Wie die Herausgeber eingangs betonen, können Sprichwörter im Türkischen konzentrierte Volksweisheiten, zu Formeln gewordene Vorurteile, Lebensregeln für gute Menschen oder Legitimationen für Übeltaten sein. Ähnliches lässt sich auch für die meisten Geflügelten Worte im Deutschen sagen. Eine Klassifikation in vier entsprechende Typen ist freilich nicht möglich. Auf die Wiedergabe von Sprichwörtern, die Unrecht rechtfertigen, wurde indes durchweg verzichtet. Die hier aufgeführten Beispiele aus dem Türkischen handeln von folgenden Themen:

Vom Können und Nichtkönnen z.B.: *Mit einem Arm kann man nicht zwei Melonen tragen. – Wem alles schief geht, dem bricht der Zahn auch beim Puddingessen ab. – Man kann nicht Jesus und Moses zugleich gefallen.*

Von Autoritäten: *Wahrheitsgemäß sagen, der Richter sei blind, nützt nichts. – Wem der Sinn nicht nach Beten steht, der hört auch nicht den Ruf des Muezzin.*

Vom klugen Verhalten: *Schenk dein Herz nicht einem Verheirateten, er vergisst es, sobald er zu Hause ist. – Miete nicht ein Haus, miete gute Nachbarn! – Hände küssen nutzt die Lippen nicht ab.*

Von gutem Rat: *Durch vieles Fragen findet man sogar nach Mekka. – Die hastige Fliege fällt in die Milch.– Sag mir, wer dein Freund ist, und ich sage dir, wer du bist. – Wer einen Pfeil abschießt, muss wissen, worauf er zielt. – Halte die Augen offen, sonst öffnen sie dir andere.*

Von Lebenserfahrung: *Die Heimat ist nicht da, wo man geboren ist, sondern da, wo man satt wird. – Wenn zwei sich Aug' in Aug' gegenüberstehen, einigen sie sich leichter. – Davon, dass man Honig sagt, wird der Mund nicht süß. – Wer sich den Mund an Milch verbrannt hat, pustet sogar, wenn er Joghurt isst.*

Von der Liebe: *Wenn zwei Herzen sich finden, wird die Hütte zum Palast. – Die Frau ist die Gefährtin des Mannes und die Sonne des Hauses. – Wer seine Frau zum Weinen bringt, macht sich selber unglücklich.*

Vom Alltag: *Geld sieht immer freundlich aus. – Der Hund fängt den Hasen, der Jäger tut sich groß damit. – Ein lachender Essigverkäufer macht bessere Geschäfte als ein Honigverkäufer mit saurem Gesicht.*

Man könnte leicht viele weitere Seiten mit türkischen Sprichwörtern füllen. In den meisten von ihnen würde man wie in den eben zitierten vertraute Lebenseinsichten finden. Doch wecken viele bei Türken wohl andere Assoziationen als bei uns; so wenn von Mekka, vom Muezzin, vom Essig- oder Honigverkäufer die Rede ist. Auch ist zu erkennen, dass dem Volk, aus dem die Sprichwörter stammen, die ungeschriebenen Regeln des menschlichen Miteinanders mehr gelten als Gesetze und Vorschriften. Europäern mit festgefahrenen Vorurteilen vom Geschlechterverhältnis bei Muslimen mag auch auffallen, welch hohen Rang die Sprichwörter der Würde der Frau in diesem Land mit islamischer Tradition einräumen.

Offenbar gibt es auch nicht wenige Sprichwörter im Türkischen, die dort irgendwann aus dem Abendland importiert wurden, beispielsweise die folgenden *Was du heute kannst besorgen, das verschiebe nicht auf morgen. – Sich regen bringt Segen.* (Türkisch: „Hareketten bereket dogar.“) *Einem geschenkten Gaul schaut man nicht ins Maul.* Bei diesem letztgenannten Sprichwort, das wie im dritten Kapitel erwähnt auf den Kirchenlehrer Hieronymus zurückgeführt wird, scheint freilich der Ursprung für die deutsche wie die türkische Version irgendwo im Orient zu liegen. Ganz eindeutig lässt sich beweisen, dass der Ausspruch Helmut Kohls *Die Hunde bellen, aber die Karawane zieht weiter* mindestens seit Anfang des 19. Jahrhunderts, wenn nicht schon viel länger zu den bekanntesten türkischen Sprichwörtern zählte, wie Wolfgang Mieder aufgezeigt hat: Aus dem Türkischen wurde es ins Deutsche importiert.

10.2 Arabische Sprichwörter

Im Arabischen findet man viele Sinnsprüche mit einem Bezug auf Allah bzw. auf Gott, so zum Beispiel: *Wer geduldig ist, erlangt das Gewünschte, wer aber ungeduldig ist, der lästert Allah. – Jede wichtige Sache, die du beginnst, ohne Gott zu erwähnen, ist gelähmt. – Wo Frauen geehrt werden, ist der Himmel zufrieden. – Allah hat die Zeit erschaffen, aber nicht die Eile. – Weil Gott nicht alles allein machen und nicht überall sein konnte, schuf er die Mütter.*

Gegen blindes Gottvertrauen im Islam sprechen die Sätze *Vertraue auf Gott, aber binde zuerst dein Kamel fest. – Wer keine Wunder versteht, der versteht auch keine langen Erklärungen.* Auch der staatlichen Obrigkeit gegenüber bleiben Araber skeptisch dem Sprichwort zufolge *Der Wachmann* (= Polizist) *ist selber der Dieb.* Im Übrigen tradieren arabische Spruchweisheiten viel Lebenserfahrung aus einer mit der Natur eng verbundenen Zivilisation. *Das Gras wächst nicht schneller, wenn man daran zieht. – Die Blume, die mit Gewalt gebrochen wurde, verliert ihren Duft. – Die Liebe ist wie ein Garten: Wenn man sie nicht pflegt, verkommt sie. – Immer nur Sonne macht eine Wüste. – In die Wüste braucht man keinen Sand zu tragen. – Man muss den Brunnen graben, bevor man Durst hat.*

Beliebt sind im Arabischen Merksätze in zwei Halbversen, die durch den Endreim miteinander verbunden sind wie in folgenden Beispielen: *Ein Funke ganz klein / äschert das Stadtviertel ein. – Was die Kleinen tun, / lässt die Alten nicht ruhn. – Dreierlei wird der Wohlfahrt zum Fluch: / Falsch Zeugnis, Glücksspiel und Ehebruch.* Und zum Schluss noch ein paar weitere arabische Lebensweisheiten: *Wer ein Ei stiehlt, stiehlt auch ein Kamel. – Zwei werden nie satt: Wer Wissen und wer Reichtum sucht. – Ein Buch ist wie ein Garten, den man in der Tasche trägt. – Geduld ist der Schlüssel zur Freude.* Von dieser Spruchweisheit gibt es noch eine andere Version, und zwar im Türkischen: *Geduld macht die saure Traube zum Konfekt.*

10.3 Aus dem Schwarzen Kontinent

Der afrikanische Kontinent gilt zwar als die Wiege der Menschheit, in der sich im Zuge der Evolution die ersten Stufen der Gattung Mensch entwickelt haben. Aber sieht man vom Alten Ägypten ab, haben die Völker des Schwarzen Kontinents erst spät eine Schriftkultur entwickelt. Umso wichtiger war die mündliche Überlieferung, die das Erfahrungswissen in zahlreichen Sprichwörtern verfestigte. Eine Sammlung davon hat Patrick Ibekwe unter dem Titel „In stillen Teichen lauern Krokodile“

veröffentlicht (2000). Sie lassen sich zwar nicht einer geschichtlichen Epoche zuordnen, aus der sie stammen, doch kennt man von vielen ihre „ethnische" Herkunft. Wir zitieren daher im Folgenden Beispiele von Sprichwörtern aus einzelnen Völkern, Stämmen oder Staaten, in denen sie Verbreitung gefunden haben. Wichtiger als die jeweilige Herkunft der Spruchweisheiten ist dabei ihre Plausibilität, die sie auch für uns haben.

Aus Ghana stammen u.a. folgende Wendungen: *Haue nie dem Mann auf den Kopf, zwischen dessen Zähnen du deine Finger hast. – Man liebt einen Menschen nicht alle Tage. – Zu sagen, so haben wir es immer gemacht, bringt den Fortschritt nicht voran. – Die Hand greift nach dem, was das Auge gesehen hat. – Sorge ist wie ein kostbarer Schatz, den man nur Freunden zeigt.*

In Kamerun erzählt man z.B. die Sprichwörter *Jedes Kind ist ein Zeichen der Hoffnung für diese Welt. – Wenn der Affe zuschaut, pflanze ich keine Erdnüsse. – Wer Fragen stellt, muss auch akzeptieren, dass er Antworten erhält. – Ein einzelner Armreif klappert nicht. – Klatsch und Lügen sind Geschwister.*

In Südafrika gibt es die Redensarten *Das Unglück hält sich nicht an Besuchstage. – Wende dein Gesicht der Sonne zu, dann fallen die Schatten hinter dich. – Man gibt seinem Kind nicht Anweisungen bei der Rückkehr, sondern wenn es aufbricht. – Viele kleine Leute, an vielen kleinen Orten, die viele kleine Dinge tun, werden das Antlitz dieser Welt verändern.* (Diese kluge Sentenz kennt man auch andernorts, z.B. in Tansania oder Botswana). – *Nur im Vorwärtsgehen gelangt man ans Ziel der Reise.*

Aus Äthiopien sind u.a. folgende Sprichwörter überliefert: *Dem Unwissenden erscheint selbst ein kleiner Garten als Wald. – Der Dumme sucht auch dort nach Dung, wo niemals Kühe gegrast haben. – Kein Zeuge ist besser als die eigenen Augen. – Je kleiner die Eidechse, umso größer ist ihre Hoffnung, ein Krokodil zu werden.*

In Regionen, in denen man Suaheli spricht (u.a. in Tansania und Kenia), gibt es diese Redensarten: *Ein Boot kommt nicht voran, wenn jeder auf seine Art rudert. – Man wird nicht groß, wenn man Größe nur für sich beansprucht. – Um sein Leben zu ändern, ist es nie zu spät. – Wichtig ist nicht, wo du bist, sondern was du tust, wo du bist. – Eine Warnung ist für den Weisen ein Segen, für den Narren eine Beleidigung. – Schnell, schnell bringt keinen Segen. – Behandle deinen Gast zwei Tage lang als Gast, aber am dritten Tag gib ihm eine Hacke.*

In Nigeria kann man z.B. diese Sprichwörter hören: *Ein Mann mit Bart sollte nicht ins Feuer blasen. – Es ist besser, das zu überschlafen, was du zu tun beabsichtigst, als dich von dem wach halten zu lassen, was du getan hast. – Fehler sind wie Berge: Man steht auf dem Gipfel seiner eigenen und redet über die der anderen. – Der Affe sieht nie seinen eigenen Hintern, nur den der andern. – Zwar hat der Mensch zwei Beine, doch kann er nur einen Weg gehen. – Ein Einäugiger wird Gott erst in dem Moment danken, da er einem Blinden begegnet. – Es ist besser Brücken zu bauen statt Mauern.*

Von einer Reihe anderer Völkerschaften sei hier nur jeweils ein einzelnes Sprichwort von vielen zitiert: Aus Uganda: *Die beste Zeit, einen Baum zu pflanzen, war vor 20 Jahren. Die nächstbeste Zeit ist jetzt.* Aus Zaire: *Eine Wunde, die ein Freund schlägt, heilt nicht.* Aus Guinea oder Mali: *Es ist besser, mit drei Sprüngen ans Ziel zu kommen, als sich mit einem das Bein zu brechen.* Aus Togo: *Wer immer in den Himmel schaut, wird nie etwas auf der Erde entdecken.* Aus dem Kongo: *Man diskutiert nicht mit Gott.* Aus dem Senegal: *Du hast drei Freunde auf der Welt: Mut, Verstand und Weisheit.*

Zugegeben, wir haben aus den afrikanischen Sinnsprüchen solche ausgewählt, deren Sinn fast unmittelbar einleuchtet und die ganz ähnliche Leitvorstellungen aussprechen, wie sie weithin auch hierzulande herrschen. Man kann im Internet im Übrigen die Auswahl leicht ergänzen. Trotz der inhaltlichen Nähe der Zitate aus dem Schwarzen Kontinent zu unserer eigenen Weltanschauung ist jedoch zu erkennen, dass sie häufig auf ganz anderen Erfahrungen beruhen und andere Bilder und Vergleiche benutzen, als wir sie gewohnt sind. Gerade das kann einen besonderen Reiz ausüben, zumal es sich bei den zitierten Beispielen doch meist um hierzulande noch unverbrauchte Spruchweisheiten handelt. Das gilt auch für ein paar weitere Sprichwörter, deren afrikanische Herkunft zwar erwiesen ist, die aber offenbar nicht einem einzelnen Volk zugeordnet werden können. Mit ihnen möge der Streifzug durch die afrikanischen Gefilde beendet sein, in der Erwartung, die Beispiele vermöchten etwas vom Denken und Empfinden der Menschen dieses Kontinents „herüberzubringen“, wie man heutzutage gerne sagt.

Furcht vor der Gefahr ist schrecklicher als die Gefahr selbst. – In schwarzer Nacht ein schwarzer Stein, eine schwarze Ameise: Gott sieht sie! – Träumen heißt: Durch den Horizont blicken. – Sag einem Krokodil erst, dass es hässlich ist, wenn du den Fluss überquert hast. – Es braucht ein ganzes Dorf, um ein Kind zu erziehen. – Ich zeigte dir den Mond, und du sahst nichts als meinen Finger. – Die Europäer haben die Uhr, wir haben die Zeit.

10.4 Weise Worte aus dem Fernen Osten

Wenn nicht alles täuscht, sind es die fernöstlichen Staaten und Kulturen, allen voran China, von denen Richtung und Ziel, Dynamik und Reichweite der Globalisierung mehr und mehr bestimmt werden. Das zwingt natürlich auch zur geistigen Auseinandersetzung mit dem Welt- und Menschenbild der ostasiatischen Kulturen. Sich darauf einzulassen, ist zwar keineswegs ein neues Projekt für Europa. Doch während diese Aufgabe in der Vergangenheit weitgehend den Intellektuellen überlassen blieb, sollten jetzt auch breitere Schichten am kulturellen Austauschprozess teilnehmen. Gewiss, wer kennt und schätzt nicht kostbare Seiden- oder Porzellanwaren aus Fernost und bestaunt nicht die Akupunkturkünste chinesischer Medizin? Aber wie denken die Menschen dort? Was halten sie für richtig und für wichtig? Welche Hoffnungen hegen sie? Eine Einführung in die fernöstliche Mentalität können Sprichwörter und Spruchweisheiten aus ihrem Erfahrungsschatz bieten. Schon seit geraumer Zeit sind manche Sprichwörter aus China in den Kreis Geflügelter Worte hierzulande aufgenommen worden. Man denke an so beliebte Sentenzen wie *Auch der längste Weg beginnt mit dem ersten Schritt. – Der Weg ist das Ziel* (stammt von Konfuzius). *Gib einem Hungernden einen Fisch, und er wird einmal satt. Lehre ihn fischen, und er wird nie wieder hungern! – Wenn der Schuh nicht drückt, vergisst man die Füße.* Spruchweisheiten aus Fernost sind im Vormarsch. Sollte Mao Tse-tung lange nach seinem Tod doch noch bestätigt werden mit seiner These aus dem „Roten Buch“: *Ostwind übertrifft den Westwind?*

Um eine Grundorientierung zu erschließen, suchten wir nach solchen Sprichwörtern, die sich im Chinesischen auf bestimmte Lebensbereiche beziehen und dazu eine Aussage machen oder Stellung dazu nehmen. Nicht ganz grundlos wurden acht Bereiche ausgewählt. Die Acht gilt in China als Glückszahl, als ein Sinnbild der Vollkommenheit. Die Bereiche sind nicht trennscharf voneinander abgegrenzt. Es beginnt mit Beispielen zum Stichwort „Glück“ im *Land des Lächelns.* Verschiedene Bereiche enthalten Weisheitsworte aus dem 5. Jahrhundert v. Chr. von Konfuzius und von dem legendären Laotse (von dem man nicht weiß, ob er je gelebt hat). Viele Sprichwörter bezeugen die praktische Lebensnähe der altchinesischen Tugendlehren. Oft ermahnen sie zum Ausgleich, zum Gleichmut, zur Balance von Yang und Yin, dem männlichen und dem weiblichen Prinzip des Lebens. Erinnert sei an Laotses Satz: „Um seine männliche Schöpfungskraft zu wissen und doch seine weibliche Empfänglichkeit bewahren, heißt zum Strombett des Lebens werden.“ Vermutlich liegt vielen dieser sprichwörtlichen Lebensregeln das Leitmotiv des Tao (oder Dao) zu Grunde, das Leben in Einklang mit dem Kosmos zu bringen.

Vom Glück: *Glück ist das einzige, was sich verdoppelt, wenn man es teilt. – Das Leben meistert man lächelnd oder überhaupt nicht. – Ein Tag voller Sorgen dauert länger als ein Monat voll Freude. – Jede Minute, die man lacht, verlängert das Leben um eine Stunde. – Der kürzeste Weg zwischen zwei Menschen ist ein Lächeln. – Ein gescheiter Arzt ist nicht so gut wie ein Arzt, der Glück hat. – Zu einer friedlichen Familie kommt das Glück von selbst. – Willst du für eine Stunde glücklich sein, so betrinke dich. Willst du für drei Tage glücklich sein, so heirate. Willst du für acht Tage glücklich sein, so schlachte ein Schwein und gib ein Festessen. Willst du aber ein Leben lang glücklich sein, so schaffe dir einen Garten.*

Von der Weisheit: *Alle Menschen sind klug, die einen vorher, die andern nachher. – Die Weisheit des Lebens besteht im Ausschalten der unwesentlichen Dinge. – Dumme Gedanken hat jeder, aber der Weise verschweigt sie. – Der Dumme lernt aus seinen Fehlern, der Kluge aus den Fehlern der andern. – Der Weise vergisst die Beleidigungen wie ein Undankbarer die Wohltaten. – Ein Dummkopf, der arbeitet, ist besser als ein Weiser, der schläft. – Der Weise erwartet von den Menschen wenig, erhofft viel und befürchtet alles. – Der Narr tut, was er nicht lassen kann, der Weise lässt, was er nicht tun kann. – Was eine Raupe das Lebensende nennt, nennen Weise einen Schmetterling.*

Über Bildung und Erziehung: *Wenn die Kinder klein sind, gib ihnen Wurzeln. Wenn sie groß sind, gib ihnen Flügel. – Das Juwel des Himmels ist die Sonne, das Juwel des Hauses ist das Kind. – Die Arbeit läuft dir nicht davon, wenn du deinem Kind den Regenbogen zeigst. Aber der Regenbogen wartet nicht, bis du mit der Arbeit fertig bist. – Wenn der Vater nicht pflügen kann, lernt der Sohn auch nicht säen. – Lernen ist wie Rudern gegen den Strom: Wer aufhört, treibt zurück. – Lernen ohne zu denken ist umsonst. Denken ohne zu lernen ist gefährlich. – Wer dich einen Tag unterrichtete, ist ein Leben lang dein Vater. – Wissen, das sich nicht täglich vermehrt, nimmt ab.*

Von Liebe und Ehe: *Was ist Liebe? Eine Hütte mit keinem Palast tauschen wollen, Untugenden und Fehler lächelnd übersehen, Hingabe ohne geringstes Zögern. – Frauen tragen die Hälfte des Himmels. – Eheleute, die sich lieben, sagen sich tausend Dinge, ohne zu sprechen. – Für alle Krankheiten findet man eine Behandlung* (in anderer Version: *einen Arzt*), *außer für Liebeskummer. – Die Tugend einer Jungfrau kennt keine Grenzen, der Groll einer Frau kein Ende. – Keine Familie kann das Schild heraushängen „Hier ist alles in Ordnung“. – Leicht ist es, ein Reich zu regieren, aber schwer eine Familie.*

Über Lebensplanung: *Dinge zu planen, liegt beim Menschen, sie zu vollenden, liegt beim Himmel. – Der Mensch hängt vom Himmel ab wie vom Lotsen. – Unsere Wünsche sind wie kleine Kinder; je mehr man ihnen nachgibt, desto anspruchsvoller werden sie. – Nicht der Wind, sondern das Segel bestimmt die Richtung. – Trachte nicht satt zu sein. In kleinen Mengen schmeckt es am besten. – Willst du für ein Jahr planen, säe Reis. Planst du für ein Jahrzehnt, pflanze Bäume. Planst du für ein Leben, erziehe einen Menschen. – Besser, auf neuen Wegen ein wenig zu stolpern, als in alten Pfaden auf der Stelle zu treten. – Achte auf deine Gedanken; sie sind der Anfang deiner Taten. – Willst du die Welt verändern, geh erst dreimal durch dein eigenes Haus.*

Von Zufriedenheit und Gelassenheit: *Hat dein Haus auch tausend Zimmer, zum Schlafen brauchst du nur eins. – Dem Sparsamen fällt es leichter, sich ans Verschwenden zu gewöhnen, als dem Verschwender, sich zum Sparen aufzuraffen. – Der reiche Mann denkt an die Zukunft, der arme an die Gegenwart. – Hoffnung ist wie Zucker im Tee; auch wenn sie klein ist, versüßt sie alles. – Die bestverschlossene Tür ist die, die man offen lassen kann.*

Gute Ratschläge: *Schildkröten können dir mehr über den Weg erzählen als Hasen! – Wer nicht die hohen Berge besteigt, kennt die Ebene nicht. – Man muss die Wahrheit in den Tatsachen suchen! – Der Stein, den du gegen jemanden aufhebst, fällt auf die eigenen Füße. – Wenn du das Trinken aufgeben willst, schau dir mit nüchternen Augen einen Betrunkenen an! – Lache – und die Welt ist mit dir! Weine – und du weinst allein! – In der Familie sei sparsam, doch Gästen gib reichlich! – Ob du eilst oder langsam gehst, der Weg bleibt immer derselbe. – Spanne den Bogen, aber schieße nicht los! Noch gefürchtet zu sein, ist wirksamer – Ein jeder kehre vor seiner eigenen Tür, dann wird die ganze Straße sauber. – Selbst wer am Wasser lebt, soll nicht das Wasser verschwenden.*

Lebenserfahrungen: *Wasser kann das Boot tragen und kann das Boot versenken. – In der Fremde einen alten Freund zu treffen ist wie labender Regen nach langer Trockenheit. – Wie rasch ist Abschied genommen, wie lange dauert es zum Wiedersehen! – Zuweilen wird ein Baum gefällt, um einen Spatz zu fangen. – Das schnellste Pferd kann ein im Zorn gesprochenes Wort nicht einholen. – Mancher zieht die Hose aus, um einen Furz zu lassen. – Es ist besser ein Licht anzuzünden, als über die Dunkelheit zu schimpfen. – Große Kunst ist dann erreicht, wenn man nichts mehr weglassen kann.*

Vielleicht ermüdet eine so große Zahl von zitierten Lebensregeln. Sie sind hier nicht als ein halbwegs geordnetes Sprichwortregister wiedergegeben. Die Sätze sollen vielmehr Zeugnis geben von der Humanität einer Kultur, die zu den ältesten der Welt gehört. Man mag sich vorstellen, wie oft seit Jahrhunderten, vielleicht seit Jahrtausenden solche Sätze vielleicht von einem Vater seinem Sohn eingeschärft wurden, wenn er auszog, ein Mann zu werden, von einem Lehrer seinen Schülern, einem Mandarin seinen Beamten ...

10.5 Spruchweisheiten aus aller Welt

Die kleine Auswahl chinesischer Sprichwörter wäre mit solchen aus Japan, der Mongolei oder aus Korea zu ergänzen. Man findet im Internet weit über 100 japanische Sprichwörter, geordnet nach Rubriken wie Leben und Tod, Ehe, Glück oder Schicksal. Davon sind offenbar noch kaum welche in den deutschen Zitatenschatz aufgenommen worden. Hier nur zwei Beispiele: *Kindeskinder sind noch hübscher als die eigenen Kinder.* Und: *Wer schnell verspricht, auch rasch vergisst.* Auch aus Vietnam oder Indonesien bietet Wikipedia im Internet eine kleine Auswahl an. Vietnamesisch sind die folgenden Spruchweisheiten: *Mit der Bosheit verliert man den Verstand, mit den Sorgen den Appetit. – Reich wird man mit Hilfe seiner Freunde, nach oben kommt man mit Hilfe seiner Frau. – Sogar die Wahrheit ertrinkt, wenn Geld oben schwimmt.* In Kambodscha weiß ein Sprichwort: *Es gibt keinen Weg ins Glück: Glücklichsein ist der Weg.* Und entsprechend lautet dort eine sprichwörtliche Redensart *Unser schlimmster Feind ist der Pessimismus.* All die Beispiele erlauben gewiss noch nicht, eine Art Psychogramm von „typischen" Vertretern fernöstlicher Kultur zu entwerfen. Zum einen sagt die Auswahl nichts über ihre Verbreitung in der heutigen Gesellschaft in Fernost. Niemand kann sagen, mit welchen Sprichwörtern aus China sich die meisten Chinesen identifizieren könnten. Zum andern beschränkt sich die Auswahl der Beispiele weitgehend auf solche, deren Inhalt man gerne zustimmen möchte. Eben darin dürfte indes auch eine besondere Chance liegen zu erkennen, wie viele Verhaltensmuster und Lebensansichten sich zwischen West und Ost berühren.

Die generalisierende Feststellung soll keineswegs die Unterschiede einebnen, weder die zwischen West und Ost, noch die zwischen den einzelnen Völkern und Kulturen Asiens. Auf den indischen Subkontinent wäre ohnehin eigens einzugehen, worauf wir hier am Ende jedoch um der Konzentration willen verzichtet haben. Ein Blick auf indische Sprichwörter würde allemal lohnen, wie schon diese wenigen Beispiele zeigen: *Das Lächeln, das du aussendest, kehrt zu dir zurück. – Der Zweifel ist das Wartezimmer der Erkenntnis. – Der Erwachsene achtet auf Taten, das Kind auf Liebe. – Töte einen und du bist ein Mörder. Töte Tausende und du giltst als Held. – Medizin ein Viertel, drei Viertel gesunden Menschenverstand! – Am reichsten sind die Menschen, die auf das meiste verzichten können.* (Rabindranath Tagore).

Wer schließlich nach weisen Worten bei Indianern sucht, kann in dem Taschenbuch von Sonja und Ernst Probst mit dem Titel „Meine Worte sind wie die Sterne" schöne Beispiele wie die folgenden finden: *Das Kriegsbeil ist erst dann begraben, wenn man nicht mehr weiß, wo es liegt.* Die Pueblo-Indianer wissen: *Du kannst den Regenbogen nicht haben, wenn es nicht irgendwo regnet.* Von den Tecumseh stammt der Satz: *Friede ist nicht nur die Zeit zwischen zwei Kriegen. Friede ist das Grundgesetz menschlichen Handelns.* In anderen Stämmen gibt es die Wendungen: *Auch eine kleine Axt kann einen starken Baum umhauen. – Gute Kost ist der Tod der Wespe. – Geschicklichkeit ist besser als Kraft.* Von der besonderen Ehrfurcht der Indianer gegenüber der Natur zeugt die Warnung: *Reißt nicht das Eingeweide unserer Erde auf, sonst werden die Flüsse und Bäume weinen!*

Wer sich in unserer globalisierten Welt auf die eigenen und unmittelbaren Erfahrungen zurückzieht, dem mag es ergehen wie der Ameise im afghanischen Sprichwort: *Wenn die Ameise von einem Ozean spricht, dann meint sie das Planschbecken.* Es ist heute gerade die Globalisierung der Alltagswelt, die neue Formen der Völkerverständigung notwendig macht. Einen Weg weisen die „einfachen Wahrheiten", wie sie in den Spruchweisheiten zu finden sind. Auf diesem Weg findet man zu einer Begegnung mit fremden Kulturen auch ohne völkerkundliche Studien. Zugleich öffnet sich auf diese Weise der Horizont menschlicher Grunderfahrungen als Bedingung universaler Humanität und Menschenwürde.

11. Aus der Kraft der Sprache: Die Formenwelt sprichwörtlicher Redensarten

Es lag mir auf der Zunge: Mit einer solchen Redewendung möchte man sich gern „aus der Affäre ziehen“, wenn man eine Frage nicht beantworten konnte, wenn einem ein Begriff nicht gleich einfiel oder man einen Zusammenhang nicht unmittelbar erkannt hat. Was ist mit dem Satz gemeint „Es lag mir auf der Zunge“? Offenbar verweist er auf eine Störung zwischen Denken und Sprechen, eine Sperre zwischen Hirn und Zunge, die dem (vielleicht unendlichen) inneren Vorrat an verbalisierbaren Gedanken den Weg zur Artikulation des Gedachten blockiert. In Parenthese sei darauf hingewiesen, dass schon die Römer diese sprichwörtliche Redensart kannten; sie sagten *versabatur mihi in labris* (= es schwebte mir auf den Lippen). Nun gibt es aber auch die umgekehrte Richtung von einer leichthin ausgesprochenen, formelhaften Aussage zur tieferen gedanklichen Verarbeitung. Diesen Weg nehmen vermutlich viele Geflügelte Worte, die in unserer Sprache *gang und gäbe* sind, wie man sagt. Gerade die auf die kürzeste Form gebrachten Sprichwörter *haben es in sich*, indem sie eine einfache Wahrheit so hochkonzentriert verdichten, dass man ihnen den Weg in das verarbeitende Denken erst bewusst öffnen muss.

11.1 Sprachverdichtung in Zwillingsformeln

Als dichteste Form von Sinnsprüchen besitzt unsere Sprache die sogenannten Zwillingsformeln. Den Begriff hat Lutz Röhrich in seinem Lexikon der sprichwörtlichen Redensarten definiert als „Wortpaare in starren phraseologischen Verbindungen, die durch Stabreim oder Endreim verbunden sind.“ Am Beispiel der gerade eben verwendeten Zwillingsformel *gang und gäbe* kann man aus der Herkunft der Wendung erkennen, wie viel in dieser verdichteten Formel steckt. Der Ausdruck meint mehr als „allgemein üblich". Er bezog sich ursprünglich, wie Röhrich ermittelt hat, auf die in einem Land oder einer Region akzeptierte(n) Währung(en) und bedeutete: Welche Münzen im Umlauf waren (also im „Gang" waren) und „gegeben" werden konnten. Ein Beleg für diese Bedeutung findet sich bereits im „Sachsenspiegel" des Eike von Repgow aus dem späten 13. Jahrhundert. Der Stabreim verhalf der Formel zur allgemeinen Verbreitung; zugleich konnte eine Formel mit der Alliteration, d.h. mit der Wiederholung des Anlauts, einen besonderen Geltungsanspruch erheben. In der Neuzeit bezeichnet der Ausdruck inzwischen alles, was Sitte und Brauch ist, wobei in der Moderne u.U. auch etwas „gang und gäbe" genannt wird, was eben „nur gerade Mode ist."

Ein paar weitere Beispiele mögen andeuten, wie viele historische Assoziationen mit solchen Zwillingsformeln zu wecken sind. In *frank und frei* steckt die Erinnerung daran, dass Franken einmal synonym mit Freien (d.h. nicht Leibeigenen) gesehen wurden. Wer mit *Kind und Kegel* unterwegs ist, hat die ehelichen und die unehelichen (= Kegel genannten) Kinder dabei. Die Zwillingsformel *mit Hängen und Würgen* erinnert an die einst verbreitete Praxis der Hinrichtung am Galgen. Sprechen wir von *Hinz und Kunz*, benutzen wir die Kurzform der einst offenbar besonders beliebten Vornamen Heinrich und Konrad. *Nach Strich und Faden* prüfte früher der Webmeister die Qualität eines Stoffes (den Strich, d.h. die Fadenrichtung, und den Faden, d.h. das Material). Der Ausdruck *Mit Faden und Zwirn* bezog sich auf die beiden Hauptarten von Garn, das aus einem Faden und das aus zwei Fäden gedrehte. Was *in Bausch und Bogen* erledigt wird, waren ursprünglich „alle Akten zusammen", nämlich solche, die sich nach außen „bauschten", sowie diejenigen, die sich nach innen bogen (= rollten). *Mit Rat und Tat* bedeutete einmal so viel wie „mit Sachen und mit Taten", denn im Rat steckt die ursprüngliche Bedeutung, die wir noch in den

Worten Vorrat oder Hausrat verwenden. *Sage und schreibe* bedeutet nichts anderes als mündlich und schriftlich (etwa bei Verträgen). *Mit Schimpf und Schande* sagt in zwei Worten (fast) dasselbe aus, wobei diese Zwillingsformel wohl erst in neuerer Zeit entstanden sein dürfte, denn im Mittelhochdeutschen hatte Schimpf noch die Bedeutung von Scherz. *Von echtem Schrot und Korn* bezog sich ursprünglich auf die Münzprägung; mit Schrot bezeichnet(e) man das Gesamtgewicht einer Münze, mit Korn deren Feingehalt an Edelmetall.

11.2 Die suggestive Kraft des Reimes

Es ist nicht nur der Stabreim, der zwei Worte oder Begriffe zur Zwillingsformel zusammenbindet und auf diese Weise besonders einprägsam macht, so auch neben den genannten Beispielen bei den Wendungen *mit Stumpf und Stiel, über Stock und Stein, bei Wind und Wellen, mit Haut und Haar, ganz und gar, mit Zittern und Zagen, bei Nacht und Nebel.* Eine Bindekraft besitzt auch der Endreim, wie in den folgenden Beispielen: *Weg und Steg, geschniegelt und gebügelt* (geschniegelt = herausgeputzt), *in Hülle und Fülle* (womit eigentlich Kleidung und Nahrung gemeint sind, ebenso wie im lateinischen *victus et amictus*), *auf Knall und Fall* (was aus der Jägersprache stammt und besagt, dass ein Schuss das getroffene Tier zu Fall bringt), *Überfluss bringt Überdruss* oder *Eintracht ernährt, Zwietracht verzehrt.* Indem man gleich mehrere Reimverbindungen verwendet, bringt man *sein Sach' mit Ach und Krach unter Dach und Fach.* Stabreim und Endreim zugleich gibt es in der Wendung *Glück und Glas, wie leicht bricht das.* Ausdrücklich sei hier auch darauf hingewiesen, dass sich der Endreim in allen Arten Geflügelter Worte findet. Er wirkt wie eine suggestive Kraft der Sprache. Selbst Wetterregeln im Bauernkalender benutzen ihn gern, so in den Beispielen *Ist der Winter warm, wird der Bauer arm. – Sankt Gall (16. 10.) / treibt's Vieh in Stall. – Wie der Freitag am Schwanz, so ist der Sonntag ganz. – Aprilwetter und Kartenglück / wechseln jeden Augenblick. – Erste Liebe und der Mai / geh'n selten ohne Frost vorbei. – Gibt's im Juni Donnerwetter, / wird auch das Getreide fetter. – Der Juli muss vor Hitze braten, / was im September soll geraten.*

In aller Regel dient die Koppelung von zwei Worten zur Verstärkung und Bekräftigung des Gemeinten. Dabei bleibt der Sinn der Zwillingsformel klar, selbst wenn die Herkunft einzelner Begriffe längst vergessen wurde. So bei der Formel *klipp und klar*, bei der das „klipp" von der Praxis der Viehhändler kommt, beim Zuschlag zu einem Kaufangebot laut in die Hand des Kaufpartners einzuschlagen. Manche dieser Doppelungen verbinden nicht Gleiches mit Gleichem, sondern zwei Realitäten, die als krasse Gegensätze zusammengehören wie bei *dick und dünn – Himmel und Hölle – Katz und Maus – Soll und Haben – Schuld und Sühne.* Nicht nur Begriffspaare werden zu Zwillingsformeln zusammengefügt, sondern auch ganze Sätze wie z.B. *Was ich nicht weiß, macht mich nicht heiß.* Schon die Römer kannten die dialektische Verbindung von Gegensätzlichem z.B. in der Wendung *nolens volens*, was dann in poetischem Deutsch in Goethes Ballade „Der Fischer" heißen kann *halb zog sie ihn, halb sank er hin.*

11.3 Vom Rhythmus der Sprache

Das hier angesprochene Goethezitat bringt ein weiteres Formelement ins Spiel, das für die sprachliche Qualität von Geflügelten Worten von Bedeutung ist: Es ist der Sprachrhythmus. Man kann sich dem locker dahineilenden Daktylus in dem Vers kaum entziehen, schon gar nicht, wenn man ihn laut ausspricht. Den gleichen Rhythmus benutzt zum Beispiel Reinhard Mey in seinem Song „Über den Wolken", wenn er singt *Da muss die Freiheit wohl grenzenlos sein.* Sprichwörter und andere Arten Geflügelter Worte sind im Prinzip nicht zum Lesen da, sondern für das hörbare Aussprechen. Wie Stabreim und Endreim dient der Sprachrhythmus dabei nicht nur der flüssigen Aussprache, sondern zugleich dazu, dass man sich solche Texte leichter einprägen kann. In welchem Versmaß der Wechsel von langen und kurzen bzw. betonten und unbetonten Silben bei der einzelnen Wendung auszusprechen ist, sagt uns das Sprachgefühl auch ohne Kenntnis fachlicher Begriffe der Metrik. Bei *Hunger ist der beste Koch* ist es beispielsweise ein Trochäus. Am häufigsten ist wohl der fünfhebige Jambus aus Shakespeares Dramen, der „klassische Blankvers" wie z.B. bei Schiller im „Wilhelm Tell": *Die Axt im Haus erspart den Zimmermann.* Letztlich bringen Rhythmus, Stabreim und Endreim wie auch andere Elemente des Sprachstils Sinn und Form von Geflügelten Worten miteinander in Einklang. Wann immer wir solche Geflügelte Worte verwenden oder hören, von ihnen angesprochen werden oder sie in Anspruch nehmen, nutzen wir die Kraft der Sprache selbst, der diese Worte zu verdanken sind.

11.4 Bildlichkeit als Mittel der inneren Formgebung

In der ersten systematischen Sprichwörterkunde hat Friedrich Seiler 1921 bereits mit guten Gründen die Bildlichkeit als wichtigstes Kennzeichen des Sprichworts bezeichnet. Indem Sprichwörter und Spruchweisheiten die abstrakten oder prinzipiellen Aussagen und Gedanken in konkreten Bildern ausdrücken, können sie die Wirklichkeit sowohl einfacher als auch offener vor Augen stellen. Seiler verdeutlicht das an folgendem Beispiel: „Statt zu sagen, nicht alles, was äußerlich einen schönen Schein hat, ist auch innerlich wertvoll, sagt das Sprichwort ‚*Es ist nicht alles Gold, was glänzt*'." Dieser ersten Erklärung der sprichwörtlichen Bildlichkeit lässt er viele weitere Beispiele folgen, u.a.: *Wer Wind sät, wird Sturm ernten. – Neue Besen kehren gut. – Wer im Glashaus sitzt, soll nicht mit Steinen werfen. – Wo es Mode ist, trägt man den Kuhschwanz als Halsband.* Was in solchen Wendungen gemeint ist, wird man gut verstehen, obwohl kein Mensch Wind säen kann, niemand im Glashaus wohnt oder einen Kuhschwanz als Halsband trägt.

Die Bildsprache der Geflügelten Worte beginnt bei einfachen Vergleichen wie *Ein gutes Gewissen ist ein sanftes Ruhekissen.* Sie erscheint sodann in der Form der Metapher (Beispiele: *Not kennt kein Gebot. – Jemandem auf den Zahn fühlen*) oder als eine Art Vermenschlichung von Begriffen bei Wendungen wie *Die Sache hat Hand und Fuß* oder *Demut ist die Mutter der Ehre.* Es gibt schließlich auch ganz surreale Sprachbilder wie zum Beispiel *Ihm ist eine Laus über die Leber gekrochen* oder *Jemanden durch den Kakao ziehen.*

Zahlreich sind Geflügelte Worte, die ähnlich wie in der Fabel in bildhafter Weise von Tieren handeln, aber Menschliches meinen. Dazu folgende Beispiele: *Jemandem einen Bären aufbinden. – Aus einer Mücke einen Elefanten machen. – Eine Krähe hackt der anderen kein Auge aus. – Eine Schwalbe macht noch keinen Sommer. – Zwei begegnen einander wie Hund und Katze. – Habe mit jemandem ein Hühnchen zu rupfen. – Vor die Hunde gehen – Hahn im Korb sein – Wissen, wie der Hase läuft – Den Löwenanteil fordern – Mit den Wölfen heulen – Da ist der Wurm drin. – Der hat einen Vogel. – Das sind doch Rabeneltern.* Ob die Vokabel „mausetot" etwas mit Mäusen zu tun hat, scheint zweifelhaft; eher handelt es sich um eine Ableitung von Hebräisch „maveth" = tot.

Die Bildlichkeit Geflügelter Worte ist ein Zeichen der Uneigentlichkeit ihres Wortlautes. Das Gleiche gilt für ein anderes Formprinzip dieser Sprachgattung, die Paradoxie. Typische Beispiele sind im Kapitel „Geistreiches witzig und zugespitzt" zu finden; ergänzend dazu: *Genug haben ist mehr als zu viel haben. – Zu viel Demut ist Hochmut. – Eines Mannes Rede ist keines Mannes Rede.* Zu den Paradoxien gehört die Übertreibung wie in den Beispielen *Wenn Gott es will, grünt auch ein Besenstiel. – Einen ellenlangen Brief schreiben* (die Elle entsprach als menschliches Maß ca. 54 cm). Eine besonders beliebte Weise der paradoxen Rede ist die Ironie, beispielsweise in den Sätzen *Er ist ein guter Soldat – hinter dem Ofen. – Lerne was, so kannst du was – vergessen! – Er ist so willkommen wie ein Ferkel im Judenhaus.*

11.5 Mehrdeutigkeiten sprichwörtlicher Redensart

Bildlichkeit und Paradoxie sind keine bloß formgestaltende Prinzipien Geflügelter Worte. Sie bestimmen zugleich ihren besonderen Sinn, nämlich, dass man ihre Aussagen nicht wörtlich nehmen darf. Man muss sie im übertragenen Sinn verstehen, nur so sind sie ernst zu nehmen. Das bedeutet indes auch, dass es einen breiten Spielraum zur verstehenden Deutung gibt. Mit anderen Worten: Sprichwörter und verwandte Formen Geflügelter Worte sind nicht so eindeutig wie mathematische Regeln oder sittliche Grundsätze. Wer sie hört oder verwendet, sie liest oder reflektiert, kommt jeweils zu einer ganz persönlichen und individuellen Einsicht oder Ansicht. Um es ganz anspruchsvoll zu formulieren: Der Umgang mit Geflügelten Worten regt zum eigenen Denken an und befreit es von Verkrustungen.

Und wie soll das gehen? Die eine Empfehlung gab Friedrich Seiler: Man soll Sprichwörter hin und her wenden und sich nicht mit der nächst besten Deutung zufrieden geben. *Wo der Zaun am niedrigsten ist, da springt jeder hinüber* will keineswegs nur ausdrücken, je mehr man sich gefallen lässt, desto schlechter wird man behandelt. Das Sprichwort kann auch bedeuten, der Ärmere und Schwächere ziehe jeweils den Kürzeren; oder auch dies: Wo ein Vorteil ohne Mühe zu haben ist, da nähme ihn jeder gern mit. Die Kernaussage des Sprichworts aber sei, jeder suche ein Hindernis dort zu überwinden, wo das am leichtesten ist, und das gelte für den Feldherrn wie für den Geschäftsmann oder den Schürzenjäger. Eine andere Methode empfahl Sebastian Franck, der sich von Sprichwörtern zu Alltagsgeschichten inspirieren ließ und umgekehrt. Zur bekannten Wendung *Sich ein Luftschloss bauen* erzählt er: Eine Bäuerin trug einen Korb voll Eier zum Markt und malte sich aus, was sie mit dem Geld aus dem Verkaufserlös tun wolle. Da stolperte sie über einen Stein, fiel hin und zerbrach die Eier alle. „Und da war ihr Vorhaben schon aus."

Dem Offenen und Unabgeschlossenen der jeweiligen Aussage von Geflügelten Worten entspricht ihre Kürze. Man kann das im gereimten Spruch ausdrücken *In der Kürze liegt die Würze* oder etwas poetischer mit den Versen *Der trefflichsten Worte trefflichste Würze / liegt in Wahrheit, Klarheit und Kürze.* Ob ein Sprichwort aus zwei oder drei oder mehr

Worten besteht, es bleibt stets knapp, ohne an Prägnanz einzubüßen, wie man an folgenden Beispielen mit wachsender Zahl von Worten pro Satz ablesen kann: *Eigenlob stinkt – Zeit ist Geld – Ohne Fleiß kein Preis – Wie der Herr, so s'Gscherr – Was sich liebt, das neckt sich – Wie man sich bettet, so liegt man.* Einer Zwillingsformel zufolge sollen Spruchweisheiten *kurz und knapp* sein. Schließlich geht es darin um die „einfachen Wahrheiten". Gleichwohl gilt auch für sie die Devise von Albert Einstein: *Alles soll so einfach wie möglich gemacht werden, aber nicht einfacher.*

Die deutlichste Aufforderung zum freien und eigenständigen Nachdenken steckt in der Ambivalenz und Fragwürdigkeit vieler Geflügelter Worte. Es ist immer schwer zu entscheiden, wann und für wen beispielsweise folgende Sätze wirklich zutreffen: *Durch Schaden wird man klug.* (Mag ja sein, aber geht's nicht auch ohne?) – *Undank ist der Welten Lohn.* (Dagegen gibt's die Devise *Immer positiv denken!*) – *Gelobt sei, was hart macht.* (Klingt ziemlich neofaschistisch) – *Im Alter kommt der Psalter.* (Es war einmal, so fangen alle Märchen an!) – *Der Klügere gibt nach* (und macht der Dummheit Platz!) *Ende gut, alles gut.* (Wenn nicht, was dann?). *Wer A sagt, muss auch B sagen.* (Bert Brecht hält dagegen *Wer A sagt, muss nicht B sagen!*) – *Sprichwörter widersprechen sich – und das ist eben Volksweisheit,* witzelte der polnische Satiriker Stanislaus Jerzy Lec.

12. Vom Nutzen Geflügelter Worte: Mehr als der Schmuck einer Rede

12.1 Wie Sprichwörter verwendet werden

Nicht Sprüche sind es, woran es fehlt. Die Bücher sind voll davon. Woran also fehlt es? An solchen, die sie anwenden. So schrieb der Philosoph Epiktet im ersten nachchristlichen Jahrhundert. Es gab und gibt so viele gute Gründe und Gelegenheiten, Spruchweisheiten anzuwenden: In Zeiten, da nur wenige des Lesens und Schreibens mächtig waren, hat sich „das Volk“ (wen immer wir dazu zählen wollen) den Erfahrungsschatz der Vorfahren in Sprichwörtern, Redewendungen, Bibelsprüchen u.Ä. angeeignet und der nächsten Generation weitergegeben. Bis heute pflegt man sich anhand von Spruchweisheiten zu orientieren und zu vergewissern, wie es im Leben und in der Welt eben zuzugehen pflegt. Prediger und Pädagogen (und alle, die auf Andere Einfluss nehmen wollen) bedienten und bedienen sich der Sprichwörter und Zitate. Nimmt man die ungezählten Sprichwörter und anderen Geflügelten Worte mit lehrhafter Tendenz zur Kenntnis, so gerät man schon ins Staunen, wie viel Zutrauen die Menschen in die erzieherische Kraft des prägnanten Wortes haben. Den Griechen und Römern, vor allem aber den Humanisten und Reformatoren dienten Sprichwörter und Zitate zum Nachweis ihrer Bildung und dazu, den eigenen Worten Nachdruck zu verleihen. Das Bürgertum hat sodann in seiner Epoche bis in die Gegenwart hinein diese Sprachgattung geliebt und gepflegt wie kaum eine andere. Es kamen hinzu die Werbung, die Politik, die Presse: Alle Medien nutzen Sprichwörter und Redensarten, Zitate und Aphorismen – und missbrauchen sie zuweilen auch.

Spruchweisheiten sind eine Macht, im Guten wie im Schlimmen. Das wussten zum Beispiel Verlag und Herausgeber des „Büchmann“, und sie wussten es zu nutzen. Die 25. Auflage des legendären Bestsellers erschien 1912 als Prachtausgabe, neu bearbeitet von Bogdan Krieger, „Seiner Majestät, dem deutschen Kaiser und König von Preußen Wilhelm II. in tiefster Verehrung zugeeignet.“ Demagogen haben sich sodann vor allem in der NS-Zeit der Sprichwörter als politische Waffe bedient. Das NS-Regime betrieb eine germanisierende Sprachpolitik, in der die Sprichwörter und Redensarten eine ganz entscheidende Bedeutung hatten. Manche wurden bewusst manipuliert, wie am Beispiel der Devise *Gemeinnutz geht vor Eigennutz* an anderer Stelle gezeigt wurde. Andere wurden „ausgemerzt“: Bereits 1935 mussten die „im Umlauf befindlichen Aussprüche nichtarischer Schriftsteller“ in einer Neuausgabe des „Büchmann“ getilgt werden. Dagegen sollte eine entsprechende Auswahl von rein deutschen Sprichwörtern als „Ausdruck völkischer Weisheit“ die Bevölkerung dazu ermahnen, sich „von der deutschen Schwäche zu befreien, das Fremde zu überschätzen.“

Solche Erfahrungen sind indes kein Grund, auf Sprichwörter und Geflügelte Worte insgesamt zu verzichten, also *das Kind mit dem Bade auszuschütten*, d.h. guten Brauch mit bösem Missbrauch zugleich zu beseitigen, wie Sebastian Franck dieses beliebte Sprichwort schon vor mehr als 400 Jahren erklärte. Von Sprichwörtern und Spruchweisheiten den rechten Gebrauch zu machen, setzt neben gesundem Menschenverstand die Freiheit voraus, aus der Fülle und Vielfalt Geflügelter Worte auswählen zu können. Die in diesem Band präsentierte Auswahl erleichtert durch die Gliederung in bestimmte Sprichwort-Typen oder -Kategorien die sinnvolle Wahl und Verwendung der passenden Sprüche.

Eine alte Spruchweisheit des römischen Dichters Terenz lautet: *Habent sua fata libelli* (= Büchlein haben ihre Schicksale). So sei auch das vorliegende Büchlein seinem Schicksal überlassen. Was früher

Schicksal genannt wurde, daraus sind freilich weithin die harten Gesetze des Marktes geworden. Auch unter deren Bedingungen gilt wohl Schillers Einschätzung in einem Brief an seinen Verleger Cotta in Stuttgart 1794: *Die Zerstreuung eines Buches durch die Welt ist fast ein ebenso schwieriges und wichtiges Werk als die Verfertigung desselben.*

12.2 Die scheinbar einfachen Wahrheiten

Welchen Sinn, so fragen wir zum Schluss, haben unsere Streifzüge durch die Welt der Geflügelten Worte zu Tage gefördert? In der Summe zeigen die rund 1300 zitierten Beispiele ein weites und buntes Panorama menschlicher Möglichkeiten – an Erfahrungen und Einsichten, Hoffnungen und Vorurteilen. Was sind sie uns letztlich wert? Die Antwort auf diese Frage wird wohl jede oder jeder Einzelne nur für sich selber geben können. Die einen werden das immense, ja das unerschöpfliche Potential an Denk- und Erkenntnisimpulsen schätzen, das sie in den Sprichwörtern und Spruchweisheiten vorfinden. Andere mögen Freude haben an der schöpferischen Vielfalt des menschlichen Geistes, die in den Geflügelten Worten zum Ausdruck kommt. Man kann sie auch ganz einfach als ein Stück Erbe unserer Geschichte wahrnehmen, eine Art „vorgefertigter Bausteine“ für das Gebäude unserer Identität, als einfache Wahrheiten, die Gestalt und Sinn unseres Lebens konstituieren. Sie füllen eine weiträumige Schatzkammer mit Zeugnissen der menschlichen Erfahrungswelt. Damit daraus nicht eine Rumpelkammer werde, ist es nötig und wohl nützlich, den Bestand von Zeit zu Zeit neu zu sortieren und mit System zu ordnen, den Sinn der Sprüche auszuleuchten, wo er sich verdunkelt und verändert hat, den Witz, die Ironie und Parodie hervorzuheben, neue Horizonte zu erschließen und so die globale Welt der Spruchweisheiten aufzuzeigen. Das eben war die Leitidee zu diesem Buch.

Wir haben wiederholt nach dem Geltungsbereich gefragt, den Sprichwörter und Spruchweisheiten beanspruchen können. Worauf beruht denn ihre Glaubwürdigkeit? Offenbar hatten viele ihren Ursprung bei „Autoritäten" von ganz unterschiedlicher Art. Von den Göttern kamen Spruchweisheiten schon in den frühen Hochkulturen, von Gott selbst im jüdisch-christlichen Kontext. Auch die klassischen Autoren der Antike wurden mit ihren weisen Worten seit dem Humanismus als Autoritäten respektiert. Martin Luther verlieh den Sprichwörtern einen hohen Rang ähnlich wie auch andere reformatorische Theologen. Die großen Dichter und Denker der deutschen Sprache galten dann vorab dem Bürgertum als kanonische Gewährsleute. Die nachhaltige Verbreitung der Spruchweisheiten „im Volk" als gleichsam verbindliche Regeln erfolgte in belehrender Absicht durch Eltern und Lehrer, Lehrmeister und Geistliche. Dabei diente das tatsächliche oder vermeintliche Alter der zitierten Sprüche als ein wesentlicher Ausweis ihrer Gültigkeit. Im Zuge der allgemeinen Relativierung aller Werte und der Befreiung des Individuums von überkommenen Autoritäten haben auch Sprichwörter und Spruchweisheiten viel von ihrer Geltungskraft verloren. Man lernte kritischer mit ihnen umzugehen und die Grenzen zu erkennen, innerhalb derer man sich auf sie berufen kann. Das schuf erfreulicherweise auch mehr Spielraum für parodistische, humorvolle und ironische Umprägungen von sprichwörtlichen Formeln. Diese neuere Entwicklung hat jedoch die Bedeutung von Spruchweisheiten nicht gemindert, sondern erweitert.

12.3 Wegweiser zur Lebenskunst

Sprichwörter und Spruchweisheiten sind der Schmuck einer Rede, so sagt schon ein altpersisches Sprichwort. Aber das macht nur einen bestimmten Verwendungszweck aus. Sie bieten viel mehr. Sie enthalten die „einfachen Wahrheiten" des Lebens, die meist auf den ersten Blick „einfach" zu verstehen sind und deren Wahrheit „selbstverständlich" erscheint. Viele machen indes bei genauerem Hinsehen doch auch nachdenklich; sie inspirieren und stimulieren

– mal zur Bezugnahme auf eigene Erfahrungen, mal zu kritischen Einwänden, mal zur Korrektur der eigenen Meinung. Am wertvollsten werden Spruchweisheiten als Lernhilfen zur Orientierung im Leben. Sie bewahren Erfahrungswissen aus Jahrtausenden menschlicher Geschichte: *Wer viel besitzt, der hat auch viele Ängste*, wussten schon die Sumerer. *Hochmut kommt vor dem Fall*, so prophezeite König Salomon. *Eine Hand wäscht die andere*, warnte Sokrates die Athener. *Die Wahrheit wird euch frei machen!* So predigte Jesus den Christen. *Geld stinkt nicht*, meinte Kaiser Vespasian. *Jede Hand ist schön, die gibt*, sagt man in Polen. *Das Bessere ist der Feind des Guten* lehrt uns ein französisches Sprichwort. *Auch der längste Weg beginnt mit dem ersten Schritt*", so mahnen die Chinesen. Wie viel Menschenkenntnis, wie viel Einsicht in das Wesen einer gerechten Ordnung wie auch in die Kraft des Gewissens ist in den Spruchweisheiten aufbewahrt! *Der größte Feind des Rechts ist das Vorrecht*, konstatierte Marie von Ebner-Eschenbach. *Wer die Bösen schont, schädigt die Guten*, aber *Auf die Spitze getriebenes Recht ist höchstes Unrecht!* So lauten römische Rechtsgrundsätze. Und welche Widersprüche zeigen Spruchweisheiten auf! *Es kann der Frömmste nicht im Frieden bleiben, wenn es dem bösen Nachbarn nicht gefällt!* So hat es Schiller uns ins Stammbuch geschrieben. *Im Wein ist Wahrheit*, das glaubten die Griechen schon vor mehr als 2500 Jahren, doch ein Witzbold unserer Zeit konnte dem hinzufügen: *Der Schwindel steckt im Etikett!* Heinrich Heine stellte resignierend fest: *Der Knecht singt gern ein Freiheitslied – des Abends in der Schenke!*

Nimmt man alles in allem, so besitzen wir in den Spruchweisheiten ein Stück Weltkulturerbe. Es sind Fragmente, also (wörtlich genommen) Bruchstücke aus diesem Erbe, Splitter aus dem kollektiven Menschheitsgedächtnis. Dass aus Spruchweisheiten Weisheit wachsen möge, und zwar im durchaus kritischen Umgang mit ihnen, dieser Wunsch hat das Werden dieser Sammlung begleitet und beflügelt. Beflügelnd wirke nun das Werk auch selbst.

Literaturhinweise

Lexika

Lutz Röhrich: Lexikon der sprichwörtlichen Redensarten (1973). 7. Auflage als Taschenbuch in 5 Bänden. Herder Spektrum 4400. Freiburg 2006

Karl Simrock: Die deutschen Sprichwörter (1846). Reclam-Ausgabe, eingeleitet von Wolfgang Mieder. Stuttgart 2004

Georg Büchmann: Geflügelte Worte. Der Citatenschatz des deutschen Volkes. (1864) Knaur TB. München 1977/2005

Karl Friedrich Wilhelm Wander: Deutsches Sprichwörterlexikon. 5 Bde. (1867-1880). Nachdruck Darmstadt 1964 und 2007 mit CD-ROM.

Richard Zoozmann: Zitatenschatz der Weltliteratur (1910). Reinbek bei Hamburg [12]2001

Kurt Krüger-Lorenzen: Deutsche Redensarten und was dahinter steckt. Wiesbaden 1978, Heyne Tb. 2006

Lutz Mackensen: Zitate, Redensarten, Sprichwörter. Wiesbaden 1981

Johannes John: Reclams Zitaten-Lexikon. Stuttgart 2002

Eberhard Puntsch: Zitatenhandbuch für Politiker, Journalisten, Manager, Redner, Künstler, Wissenschaftler. Erzieher, Studenten. (1965). München 2003

Harenberg Lexikon der Sprichwörter und Zitate. Dortmund 2004

Der Duden, Bd. 11 Redewendungen. Mannheim [2]2007

Sammelwerke

Klaus Bartels: Veni, vidi vici. Geflügelte Worte aus dem Griechischen und Lateinischen. (1966). dtv-Ausgabe 2006

Lukas Moritz: Carpe diem. Das Lexikon der lateinischen Zitate. 2006

Bernhard Kytzler/Lutz Redemund: Unser tägliches Latein. Lexikon des lateinischen Spracherbes. Mainz [7]2007

Detlef Liebs: Lateinische Rechtsregeln und Rechtssprichwörter. München 2007

Bernhard Kytzler/Lutz Redemund/Nikolaus Eberl: Unter tägliches Griechisch. Lexikon des altgriechischen Spracherbes. Mainz [3]2007

Reinhard Pohlke: Das wissen nur die Götter. Deutsche Redensarten aus dem Griechischen. Düsseldorf/Zürich 2000

Heinz Schäfer: Biblische Redensarten und Sprichwörter. 3000 Fundstellen aus der Lutherbibel. Stuttgart 1998

Andreas Geldner, Michael Trautig, Christoph Wetzel: Wer suchet, der findet. Biblische Redewendungen neu entdeckt. Stuttgart 2006

Samuel Singer: Sprichwörter des Mittelalters. 3 Bde., Bern 1944-1947

Richard Dobel: Lexikon der Goethe-Zitate. Zürich 1968, dtv 1995

Ernst Lautenbach: Lexikon der Schiller-Zitate. Aus Werk und Leben. München 2003

Abraham Tendlau: Sprichwörter und Redensarten deutsch-jüdischer Vorzeit. (1860). Auswahl-Ausgabe Berlin 1934 und Hildesheim 1980

Volker Dietzel: Die ganze Welt steht auf der spitzen Zunge. Jüdische Sprichwörter. (1987). 1991

Gerhard Fieguth (Hg.): Deutsche Aphorismen (1978). Stuttgart 2002

Edgar Groß (Hg.): Marie von Ebner-Eschenbach, Aphorismen (1961). Reclam Stuttgart 2002

Friedrich Sengle (Hg.): Georg Christoph Lichtenberg, Aphorismen. Reclam Stuttgart 2004

Kurt Pätzold/Manfred Weißbecker (Hrsg.): Historische Schlagwörter. Leipzig o. J.

Celal Özcan und Rita Seuß (Hg.): Türk Atasözleri. Türkische Sprichwörter. München 2005

Editionen

Edmund I. Gordon: Sumerian Proverbs. Glimpses of everydays life in ancient Mesopotamia. Philadelphia 1959

Bendt Alster: Proverbs of ancient Sumer. 2 Bde., Betseda 1997

Sebastian Brant: Das Narrenschiff, hg. von Heinz-Joachim Fischer. Wiesbaden 2007

Erasmus von Rotterdam: Adagiorum Chiliades. Mehrere tausend Sprichwörter und sprichwörtliche Redensarten (Auswahl), hg. von Theresia Payr (= Ausgewählte Schriften, hg. von Werner Welzig, Bd. 7). Darmstadt 1995

Ernst Thiele: Luthers Sprichwörtersammlung, in: Martin Luther, Werke. Große Weimarer Ausgabe, Bd. 51. Weimar 1914, S. 634-726

Johannes Agricola: Siebenhundertundfünfzig deutsche Sprichwörter (1534). Die Sprichwörtersammlungen, 2 Bde., hg. von Sander L. Gilman. Berlin-New York 1971

Sebastian Franck: Sprichwörter. Schöne, weise, herrliche Clugreden und Hoffsprüch (1541). In: Sämtliche Werke. Kritische Ausgabe mit Kommentar Bd. 11, Text-Redaktion Peter Klaus Knauer. Bern u.a. 1993

Ders.: Sprichwörter, das ist schoene, weise und kluge Reden. Hg. von Alfred Böswald. Donauwörth 2000

Abraham a Sancta Clara: Ein Karren voller Narren und andere kleine Werke, hg. von Franz Eybl. Salzburg und Wien 1993

Johann Michael Sailer: Die Weisheit auf der Gasse oder Sinn und Geist deutscher Sprichwörter (1810). Frankfurt/M. 1996

Analysen und Kommentare

Friedrich Seiler: Deutsche Sprichwörterkunde (= Handbuch des Deutsch-Unterrichts an höheren Schulen Bd. 4.3). München 1922

Lutz Röhrich/Wolfgang Mieder: Sprichwort. (= Sammlung Metzler 154) Stuttgart 1977

Wolfgang Mieder: Deutsche Sprichwörter in Literatur, Politik, Presse und Werbung. Hamburg 1983

Ders.: Anti-Sprichwörter 3 Bde., Wiesbaden 1982-1985

Ders.: Sprichwort – Wahrwort? Studien zur Geschichte, Bedeutung und Funktion deutscher Sprichwörter (= Artes populares Bd. 23). Frankfurt/M. u.a. 1992, (darin „Ein Bild sagt mehr als tausend Worte" S. 191-210; „Die Hunde bellen, aber die Karawane zieht weiter" S. 203-210; Sprichwörter unterm Hakenkreuz S. 231-272)

Gerhard Uhlenbruck: Mensch ärgere mich nicht. Köln 1984

Ruth Schmidt-Wiegand: Deutsche Rechtsregeln und Rechtssprichwörter. München 1996

Christoph Gutknecht: Lauter spitze Zungen. Geflügelte Worte und ihre Geschichte. München 1996

Ders.: Lauter Worte über Worte. Runde und spitze Gedanken über Sprache und Literatur. München 1999

Csaba Földes (Hg.): Res humanae proverbiorum et sententiorum. Ad honorem Wolfgang Mieder. Tübingen 2004

Hans Joachim Schoeps: Ungeflügelte Worte. Was nicht im Büchmann stehen kann (= Gesammelte Schriften 4. Abt., Band 16). Hildesheim-Zürich-New York 2005

Karl-Heinz Göttert: Eile mit Weile. Herkunft und Bedeutung der Sprichwörter. Stuttgart 2005

Lutz Röhrich/Wolfgang Mieder: Gebärde – Metapher – Parodie. Burlington/Vermont ^{2}2006

Stichwort- und Namensregister

(Einzelne Sprichwörter und Redewendungen wurden nur dann ins Register aufgenommen, wenn ihr historischer Kontext an der angegebenen Stelle näher beleuchtet wird.)